南京森林警察学院学术著作出版资助项目

教育部哲学社会科学研究重大课题攻关项目“推动智库建设健康发展研究”（17JZD009）阶段性成果

智库专家评价指标体系研究

EVALUATION INDEX SYSTEM FOR THINK TANK EXPERTS

庆海涛◎著

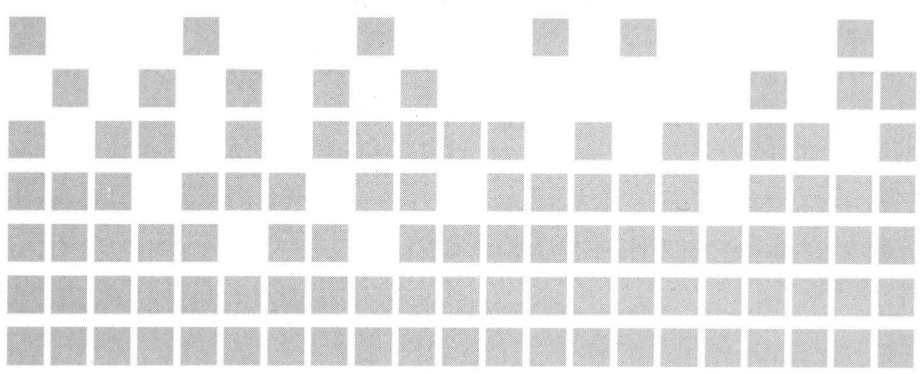

图书在版编目（CIP）数据

智库专家评价指标体系研究/庆海涛著．—北京：经济管理出版社，2019.12
ISBN 978-7-5096-6994-5

Ⅰ.①智…　Ⅱ.①庆…　Ⅲ.①咨询机构—评价指标—研究—中国　Ⅳ.①C932.82

中国版本图书馆 CIP 数据核字(2019)第 296528 号

组稿编辑：何　蒂
责任编辑：何　蒂
责任印制：黄章平
责任校对：陈　颖

出版发行：经济管理出版社
（北京市海淀区北蜂窝 8 号中雅大厦 A 座 11 层　100038）
网　　址：www. E-mp. com. cn
电　　话：（010）51915602
印　　刷：北京晨旭印刷厂
经　　销：新华书店
开　　本：720mm×1000mm/16
印　　张：11.75
字　　数：204 千字
版　　次：2019 年 12 月第 1 版　　2019 年 12 月第 1 次印刷
书　　号：ISBN 978-7-5096-6994-5
定　　价：68.00 元

联系地址：北京阜外月坛北小街 2 号
电话：（010）68022974　　邮编：100836

智库员工考核的 KPI 迷思

（代序）

目前，我国的高校、科研院所和智库流行 KPI 考核，就是按照年度或者半年度、季度的周期把研究人员和行政人员的工作时间、完成的任务、参与活动和工作业绩等全部量化，给出对应的绩效工分，予以奖励惩罚，绩效工分也和升级、升迁等挂钩。有些 KPI 考核极端的单位，大到出版一本专著，小到参加一次会议、一场监考，事无巨细都可以折算成 KPI 考核分数。这种做法在各类智库中也很流行，尤其对智库成果的认定考核流行采用按件计算的定量方法。有高校把智库成果折算成核心期刊论文，比如中央领导人批示折算成 1 篇一流期刊的论文，省部级领导人批示折算成 1 篇 CSSCI 来源期刊论文，副省部级领导人批示折算成 1 篇 CSSCI 扩展版来源期刊论文；有的高校直接把批示折算成 KPI 的分值，比如中央领导人批示 50 分、省部级领导人批示 30 分、副省部级领导人批示 20 分等。无论具体如何折算，背后的思维就是按件计算的 KPI 考核。

这种做法相对于无考核，或者完全由领导评议、同事评议的业绩考核办法来说当然是一个进步。KPI 考核简单明了，相对公平，迄今在企业界仍然是一个主要方法，但是这种做法能否作为实体化、法人化智库的主要业绩考核办法是值得商榷的。

第一，智库工作难以全部按件计量。智库除少数工作外，大部分工作采用 KPI 方法考核会造成误导。智库工作和成果可以分为以下几类：①保量保质——可计件又无质量上的质疑，比如论文发表，按照发表论文的期刊等级和数量计算研究员的业绩，一般来说研究员都无异议。论文质量根据期刊等级来确定，虽然有不科学之处，但是由于把质量评价交给了期刊，大部分学术期刊都采用同行评议方式选择稿件，这种方法由于是匿名的，不会因人和机构而改变稿件采用标准，所以研究员不会感到受到了不公平待遇，会认为是一视同仁的。②保量不保值——可计件但是无法保证质量，比如研究员写例行的内部报告或者政策简报，此类成果并不要求公开发表，质量高低往往由主管说了算，并无第三方评审，而主管也往往以达到最低要求为标准——即能采用就视为达标，如果以数量为考核指标，那么就可能出现大量粗制滥造的政策简报和内部报告。这就像某高校要求博士生在校期间必须发表 3 篇 C 刊论文，又规定可以用 2 篇省级刊物文章折算为 1 篇 C 刊，导致个别博士生发表了 6 篇省级刊物文章而无 1 篇 C 刊文章类似。这种情况就是学术界普遍存在的“灌水现象”。只考核数量而无质量要求一定会出现“灌水现象”。③无法计件但是可以计算工时的工作——行政人员的大部分工作都无法计件，但是可以计算工时。行政工作的质量难以测量，服务对象的满意度是个测评指标，但是对于机构内客户来说，大家都是同事，碍于情面一般不会反映真实的意见，因此，机构内很难开展满意度测评。如果对行政工作只计算工时，那么智库行政人员中就很容易出现出工不出活，“磨洋工现象”就会发生。④无法计件也无法测算工时的工作，比如，资深研究员对年轻研究员的传帮带、智库领导为智库构建社会网络的工作等都是无法计件也无法准确测算工时的。

第二，智库 KPI 考核对象和层级难以把握。目前大部分智库和科研机构一样都以研究员个人为考核对象。这样做虽然好操作，但是会导致智库研究和业务的原子化，不利于发挥团队协调效应，形成各自为战的局面。大部分以智库或者研究员名义发表的研究报告和研究论文都是智库内部协同合作的成果，难以切割。比如，一个智库的旗舰报告很可能是全部智库成员一年合作的成果，从提出方案到数据采集、数据处理、写作、修改、编辑、发布，并非一个人，也非几个人的成果，那么在 KPI 考核时如何量化每个参与者的准确贡献，并赋予准确的分值几乎不可能。非要这么做，就等于在同事之间故意挑起矛盾，而事实上，很多 KPI 考核的后果就是如此，削弱了团队合作的精神。而一个智库一旦失去了团队合作能力，几乎就是一事无成。

第三，KPI 考核有强烈的绩效导向性问题，对于战略性、多目标、非营利的智库机构来说本质上不兼容。企业使用 KPI 考核有其合理性，因为企业可以用市场占有率、营业额、利润率等少数指标来考核员工和分公司的经营业绩。对于研究型大学来说，用项目、论文、专著等少数指标考核研究人员的短期研究业绩也不算太离谱，但是 KPI 考核对于高校的人才培养基本上无效，凡是用 KPI 考核的研究型大学基本上都不重视本科生和研究生的教学工作，研究型大学的教授们普遍重视研究和轻视教学工作，这就是 KPI 考核的不良结果之一。智库的目标比大学来说更加多元，既要重视基础研究，又要重视政策影响力，还要重视公共影响力，对于高校智库来说，还要重视人才培养质量，因此，很难设计出一套 KPI 指标兼顾以上的多元目标。由于智库是非营利机构，因此，也很难像咨询公司那样用项目经费来考核研究员和下属研究中心。另外，智库一旦成立无不希望能成为百年老店，永续发展就成为智库的一个重要目标，这个目标难以量化为 KPI 的指标。KPI 指标会造成短期行为是不争的事实。目前的各级各类政府主导的智库考核指标都基本上是短期的指挥棒，对于各级重点智库来说，满足考核指标要求，不被各级各类的重点智库平台淘汰，从而获得持续的财政经费支持就成为第一目标，至于未来的长期发展目标则未必能兼顾了。

第四，KPI 考核违背了知识型员工密集的智库机构人力资源建设的基本规律。"知识型员工"这一概念是美国学者彼得·德鲁克首先提出来的，一般指从事生产、创造、扩展和应用知识的活动，为单位（或组织）带来知识资本增值，以此为职业的人员。知识型员工不同于普通员工的本质特征是拥有知识资本这一生产资料。德鲁克认为，知识型员工有六大特征：①较高的个人素质——知识型员工拥有较高的学历（一般都具备硕士以上学位）、专业知识、文化素养和信息素养。②很强的自主性——知识型员工是一个富有活力的群体。与流水线上的操作工人被动地适应设备运转相反，知识型员工更倾向于拥有一个自主的工作环境，不仅不愿意受制于物，而更强调工作中的自我引导。③有很高价值的创造性劳动——知识型员工从事的不是简单的重复性工作，而是在易变和不完全确定的系统中充分发挥个人的才干和灵感，应对各种可能发生的情况，推动着技术的进步。④劳动过程难以监控——知识型员工的工作依靠大脑而非肌肉，劳动过程往往是无形的，而且可能发生在每时每刻和任何场所。加之工作并没有固定的流程和步骤，其他人很难知道应该怎样做，固定的劳动规则并不存在。因此，对劳动过程的监控既不可能，也没有意义。⑤劳动成果难以衡量——由于知识型员工的劳动过程难以监控，而且也往往因为知识型员工的劳动成果依赖很多因素，包括同事、团队的协作完成，因此，劳动的成果一般难以衡量。⑥强烈的自我价值实现愿望——知识型员工的需求一般在比较高的层次上，他们往往更在意自身价值的实现，并强烈期望得到单位或社会的认可。他们并不满足于被动地完成一般性事务，而是尽力追求完美的结果。因此，他们更热衷于具有挑战性的工作，渴望展现自我价值。智库是典型的知识型员工密集的机构，用 KPI 考核知识型员工对员工的自我尊严、自我价值、自我管理、自主性和创造性的自我认同会产生不利的影响，员工会认为智库还在用工业化时代计件工资制对待自己，一旦这样的认知形成，员工很可能就会把智库的工作作为谋生糊口的饭碗，失去主动性和创造性。

正是因为以上多重因素，西方现代实体化法人化智库一般不用 KPI 的办法对员工进行考核。它们对研究人员多采用规划管理的方式进行。以一年或者半年为一个周期，在开始的时候由研究员和智库的负责人共同规划出一年或者半年的研究计划、活动计划，然后在周期结束时复核规划是否完成，如果没有完成找出原因，给出改进计划。对行政人员多采用岗位目标和岗位职责对标管理的方式，就是不同岗位的行政人员对自己的岗位职责内任务是非常明确的，对岗位职责内任务质量的提升每个周期有目标，周期结束时要考察完成情况。这种考核办法尊重员工的自主性和能动性，也给员工完成任务有相当的机动性。但是它们有一个和我国情况不同的是，虽然几乎所有智库都试图长期聘用员工，但是没有任何人有"终身"的合同，每个人在一个聘期结束时都有可能拿不到下一个聘期。这可能是西方智库员工始终比较积极主动的原因之一，每个人都要证明自己对智库是有价值的。当然，智库如果不能善待和尊重员工，员工也可以拂袖而去。

对中外智库而言，较高的员工流动率都不是好事，一般而言，社会化的独立法人智库 15% 的年度流动率是正常的，超过 30% 则非常不正常。解雇一个员工是非常不经济的行为。因为新员工需要大量的培训、较长的适应期和团队的磨合期。因此，通过年度考核发现不合格的员工再予以解雇是亡羊补牢的做法。最经济的做法就是提升人员招募的质量，把好入口关，把不合格的人挡在智库之外。这一点对我国体制内智库尤其重要，因为我们的智库员工一旦入职，即使有各种考核，即使发现该员工不称职，也很难解雇，这些有编制的员工本质上必须终身雇用。把好入口关，对招聘对象的专业知识、专业技能、专业伦理、人格特征、心理素质、道德品质的测量评价就非常重要。

智库本质上是志业共同体、事业共同体、职业共同体三位一体的组织。所谓志业共同体，就是有共同志向，具备家国情怀，主张经世致用的学者共同体。共同的事业是推动学术服务于治国理政，推动政治理性建设。职业共同体是指智库从业者要具备一定的专业技能，恪守职业规范，尊重专业精神。因此，在人员招募时要把符合智库共同体要求的人识别出来，让智库由一批自我驱动型、自燃型人格的学者组成，使智库由一批心理素质健康、人格健全的学者组成，使智库由一批目光远大、关心国家民族长远利益、格局宏大的学者组成，使智库由一批训练有素，善研究、懂沟通、会团结的专家学者组成。

这就是智库人才评估评价的意义所在。庆海涛博士的专著的价值就在这里，该书是在他的博士论文基础上修改而成的。他原本受过心理学方面良好的学术训练，结合智库人才工作需要提出了智库人才评价的冰山模型，并进行了实证研究。他的博士论文得到了评审专家的一致好评，价值也越发显著。窃以为我们还需要开发出更加科学实用的各类智库人才评估的量表，并能切实利用到智库人才招募的实践中去，把不适合智库需要的人挡在智库之外，尽量减少频繁的员工流动带来的损失。

当然，并非说 KPI 考核对于我国智库员工评估毫无用处，由于我国智库大部分是体制内智库，大部分员工是有编制的，也有很多专家是兼职的，通过 KPI 绩效的计算，兑现相应的劳动报酬是非常必要的。本文想提醒的是，把 KPI 考核法用于实体化法人化的一流智库未必适用，会造成很多负面效应。甚至也想指出，我国高校和科研院所盛行的 KPI 考核会造成严重的短期行为，对我国的学术创新是极其不利的。

庆海涛博士嘱咐我为他的新书写序，欣然允诺之余不知如何下手，而余对智库 KPI 考核法久有感想发，借此机会阐明观点，并作为新书之序。

李刚

南京大学信息管理学院　教授　博士生导师

南京大学中国智库研究与评价中心副主任

2019 年 8 月 3 日

前　言

智库以其独特的研究视角在公众和政策决策者之间，为学术理论界与政策决策者之间搭建起了易于沟通的桥梁，成为现代政策决策必不可少的重要组成部分。智库专家是智库的根本和创新的基石，是促进智库发展的关键。选拔、培育、激励及考核智库专家对智库机构来说至关重要，而要建立一套科学合理的智库专家评价指标体系正是智库专家人事管理的重要保障。

本研究旨在为中国特色新型智库建立一套科学合理的评价指标体系，使得国内相关智库机构能够客观公正地评价智库专家，引导智库人才的科学发展，为智库专家的发展提供和谐和充满吸引力的工作环境与工作目标，使得真正高水平的智库专家能够被选拔出来以及在未来的发展中茁壮成长，最终促进新型智库的健康发展。研究成果中以胜任力理论为基础，根据全评价理论以及科学人才观的基本思想，依据智库专家相关概念及特征，采用文献调研和专家访谈，首先构建了智库专家评价指标理论体系，其次在理论体系的基础上采用统计学方法确立定量的评价指标体系并确定权重，为智库机构的人才评价提供方法支撑和政策建议，最后根据研究结果提出智库专家的优化路径。本研究从理论和实践两个方面对智库专家的评价进行分析、讨论，构建起智库专家评价指标体系框架，并在此基础上设计出可操作的智库专家评价指标体系。本研究工作主要包括以下几个方面：一是以胜任力理论为基础，全评价理论为思想指导，运用文献计量学理论、人才测评理论等多学科理论，采用文献研究、专家访谈法，提出智库专家评价理论框架。按照此框架，本研究采用问卷调查法获取中国各类智库专家评价指标数据，运用统计学中项目分析、相关分析、差异检验和因子分析法，对本研究提出的评价指标理论框架进行实证分析，经过实证分析及对指标变量进行修正后，建立了包括显性指标与隐性指标的智库专家评价指标体系。二是构建了智库专家成果影响力评价模型，同时利用成熟的工作绩效量表作为效标对智库专家评价指标体系的效度进行验证，并将指标得分与智库专家成果影响力效标和工作绩效效标进行了相关性分析，结果表明，本研究中智库专家评价指标体系是有效的。

目　录

第一章　引言

第一节　研究背景与研究意义

一、研究背景

智库，又称为“思想库”（Think Tank）“智囊团”“外脑”等，在西方国家多指独立于政府之外，以战略问题和公共政策为研究对象，以影响政府决策、改进政策制定、引导公众舆论为目标，第三方非营利性研究机构①，常被称为“影子内阁”或“政府外脑”。

2015年1月20日，中共中央办公厅和国务院办公厅印发了《关于加强中国特色新型智库建设的意见》（以下简称《意见》），提出到2020年，形成定位明晰、特色鲜明、规模适度、布局合理的中国特色新型智库体系，造就一支坚持正确政治方向、德才兼备、富于创新精神的公共政策研究和决策咨询队伍。《意见》指出要加强智库人才队伍建设，把人才队伍作为智库建设重点，实施中国特色新型智库高端人才培养规划。同时推动党政机关与智库之间人才有序流动。《意见》要求深化智库人才岗位聘用、职称评定等人事管理制度改革，完善以品德、能力和贡献为导向的人才评价机制。《意见》标志着中国进入新型智库时代，为中国特色新型智库的人才评价指明新的发展方向。建设中国特色新型智库，培育一流的智库专家是新

① 李安方，王晓娟等．中国智库竞争力建设方略［M］．上海：上海社会科学院出版社，2010.

型智库建设的根本，当务之急就是建立与新型智库相匹配、相适应的智库人才选拔及培养机制。加州公共政策研究所（PPIC）认为，“只有训练有素并善于以通俗易懂的语言陈述复杂问题的智库专家，才能提出好的政策研究成果”。新型智库建设对智库人才的招聘、培训、考核、薪酬激励机制创新提出了新的时代要求。

美国宾夕法尼亚大学智库项目组于2018年初在《2017年全球智库报告》中提到，全球共有智库7815家，中国拥有智库数量达到512家，在数量上是世界第二智库大国，但在质量上和美国等发达国家相比还存在一定差距，全球智库前10名中无一中国智库上榜，百强榜单中中国智库仅7家上榜。智库专家不但是政策理念的生产者，也是思想的传播者，是智库的核心和动力之源，是知识生产的源泉。只有拥有一流的、高层次的智库专家，才能建设一流智库，以至于未来建设具有较大影响力和国际知名度的高质量智库。

对智库而言，多名智库学者都阐述了智库专家的决定性作用。美国著名智库研究者雷蒙德·斯特鲁伊克（Raymond J. Stuyk）认为一个智库要取得成功，必须保证做到以下三点：一是要执行严格的政策研究；二是要与各种政策团体保持紧密的联系以确保智库研究成果得以采纳；三是要有效地管理好智库研究人员。而人才管理往往也是最难的，倘若人才管理做不好，另外两点则无从谈起①。管理不善可能会带来员工士气低迷，生产率低下，质量控制力度不够。在智库经营中，管理越完善，就越能有效地实现其目标。2009年布鲁金斯学会的前董事会主席约翰·桑顿（John Thornton）在接受《决策 & 信息》专栏记者的采访中谈道“任何一个智库的成功首先决定于它所拥有的智库专家的实力，布鲁金斯拥有三大核心价值，第一个价值是由布鲁金斯的智库专家决定的”。宾西法利亚大学智库与公民社会项目主任詹姆斯·麦甘（James McGann）博士阐述了关于智库的三大核心竞争力和功能定位，一是要招聘有智慧、高技术的年轻研究人员；二是智库要懂得筹集资金来支持机构运转；三是智库要进行有影响力的战略性交流；四是确保智库拥有思想产品，并将产品有效地传播给智库的目标受众②。因此，切实做好智库人才的发现、培养和激励工作，对中国特色新型智库建设尤其具有重要意义。

目前，智库人才的评价管理工作中存在较多问题，如主观选定考核指标和考核权重，缺少考核中的管理工作及考核后的反馈工作，对智库人才的要求往往流于硬

① 雷蒙德·斯特鲁伊克. 完善智库管理［M］. 李刚等译. 南京：南京大学出版社，2016：17.

② 吕青. 智库评价与核心竞争力［J］. 智库理论与实践，2016（6）：95-96.

件指标，如教育程度、出国经历、外语程度、年龄及教学科研成果等，对工作绩效的考察仅仅是对于实际工作量的考勤，或参照高校、科研人员和公务行政人员的考核指标等。很多智库机构对研究人员的评价多依据哲学社会科学科研人员的考核方式，重论文、重学历和重资历。在这当中，非常明显的是对人才评价的唯论文和唯学历的“二唯”评价模式，即无论是人才选拔、奖励还是职称评定，都主要以核心期刊发表论文的数量、主持课题的数量作为主要评定的标准。对学者的评价，往往不进行作品阅读审查，不进行专业审查，而是强调数量式评鉴，重论文而不重专著，致使学者无法着力于文化知识生产之长期而深度的累积。

在当前智库机构如雨后春笋般的发展环境下，智库质量良莠不齐，其中，智库人才管理是其突出的问题之一。针对智库人才队伍建设管理中存在的诸多问题，IPP 的研究人员对北京多家智库调研发现，智库人才管理主要存在四个问题。一是很多智库的研究主要依赖于外部的兼职人员，专职的研究人员较少，导致较难形成稳定的研究方向和成果积累；二是人员流动率较高是很多智库面临的现实问题，包括智库项目负责人也频繁跳槽，最终导致研究团队不稳定；三是一直无法较好地解决智库人员编制问题；四是职称评价标准一直是困扰智库的头疼问题。总的来看，存在以下三个问题：一是智库机构的人才结构不合理，青年人才、国际化人才、掌握定量研究方法的人才偏少；二是智库机构研究人员的编制问题、待遇问题等并没有得到很好的解决；三是政府、企事业单位和智库机构间未形成良好的人才流动机制。由于上述问题的存在，使得目前智库人才的选拔、考核和激励体系不能很好地服务和管理智库专家，无法最大程度地挖掘智库人才的潜力和提高工作绩效。

新型智库建设要靠高端的智库人才来支撑，因而必须大力加强高端智库人才队伍建设，构建完备成熟的智库人才评价指标体系，从而更好地激励智库专家。过去的人才评价主要关注结果性等硬性指标，而基于胜任力理论的人才评价将过去主要关注人才已有的业绩、职称和学历等硬性指标的考核发展到既考核业绩又考察个体的个性、动机等深层次心理指标，同时关注组织环境因素的影响因素，即将过去的业绩与未来的潜质在考核中一并考虑①。通过对相关文献分析发现，目前国内对基于胜任力的智库专家评价指标体系研究尚属空白。因此，建立基于胜任力的智库专家评价指标体系，对于选拔、培养和考核智库专家，进而推进中国新型智库的管理水平和综合发展提供新的思路。

---

① 林琳，张鸣．基于胜任力的医院岗位绩效评价［J］．人力资源管理，2010（5）：35－36.

二、研究意义

本研究针对智库专家评价指标体系开展，以胜任力理论为基础，全评价理论为指导思想，从建立基于胜任力的智库专家评价指标理论体系入手，在文献调研、开放式访谈和问卷调查的基础上，运用统计分析法对智库专家评价指标体系进行实证分析，在此基础上构建智库专家评价指标体系，并运用因素分析法确定指标权重。同时根据文献计量学理论构建智库专家成果影响力模型，以及运用工作绩效量表作为效标效度对智库专家评价指标体系进行验证，最终确定智库专家评价指标体系。最后在相关学者对智库专家理论研究成果的基础上，提出优化智库专家评价的优化路径。

1. 理论意义

从目前研究来看，基于胜任力的智库专家评价指标体系的研究还处于空白。本研究一是丰富了胜任力理论，将胜任力理论引入智库专家的评价指标体系研究中；二是构建了中国文化背景下，基于胜任力的智库专家评价指标体系，同时构建智库专家成果影响力模型，促进了智库人才评价理论研究。

2. 实践意义

管理研究不但提升管理效率，同时可以改善管理实践。目前胜任特征模型作为国内外认可的人事管理工具，已被很多大公司所使用，如 IBM、联合利华、壳牌石油、索尼、联想集团、平安保险等。虽然胜任特征模型已得到许多机构的认可，但目前在国内还处于初级阶段。当前智库专家的评价还趋同于一般科研人员，其实，智库专家与一般的科研人员还存在一定的差别，国内对智库专家这个群体还缺乏深入研究。因此，相关研究的实践意义在于，一是可通过智库专家评价指标体系预测智库专家工作绩效；二是构建的评价模型可对智库机构人事管理如选拔、聘用、考核、培训、职业规划以及薪酬管理提供参考；三是可根据实证研究中发现的问题提出相应的建议，提高智库专家评价和智库人事管理的科学性。

第二节　研究方法和研究思路

一、研究方法

本研究采用“调查总结—理论假设—形成问卷—分析数据—模型实证—形成

结论”的研究思路开展。

为实现智库专家评价指标体系的研究目标，本研究采取了理论研究与实证检验相结合的方法，按照实证研究假设检验的思路，即通过专家访谈、文献研究提出评价指标理论体系构架和研究假设，接着对评价指标进行具体化操作形成调查问卷，对问卷收集、整理和定量分析，以检验获取的数据是否支持研究假设，最后得到研究结论，本研究采用的研究方法列举如下：

1. 文献分析法

根据研究的具体目标，从数据库中搜集国内外有关智库人才评价相关学术期刊论文和硕博士学位论文，分析国内外智库人才评价的研究现状及存在的问题，在现有研究的基础上，提出基于胜任力的智库专家评价指标理论体系和研究假设，作为后面的实证研究的依据。

2. 专家访谈法

专家访谈法具有信息量大且有深度和广度的优势，本研究主要以当面访谈、网络访谈及小组讨论的形式向智库专家收集和确定胜任力特征条目，根据各专家的意见确定各个特征的频次系数。最后将文献调研及专家访谈所收集胜任力特征条目录入胜任力特征指标库。

3. 定量研究法

本研究主要采用定量研究方法，通过实证研究方法对研究所提出的假设进行科学检验。本研究以国内智库专家为调研对象，以结构化问卷的方式获取调研数据。对于通过问卷采集的数据运用统计分析的方法，具体包括项目分析、相关分析、因素分析、差异检验等。在分析工具上，本研究采用的是 IBM 公司的 SPSS20.0 和 AMOS22.0。

本研究主要采用德尔菲法、统计分析法。采取自上而下和自下而上相结合的形式，首先提出一级指标，进一步基于文献调研、专家访谈和统计分析法等形成智库专家人才评价二级和三级指标。

首先，对国内外智库研究的相关文献进行分析研究，结合对智库的专家深度访谈，由上而下，提出一级指标框架下的智库人才评价指标体系中的三级指标初选方案。其次，根据智库专家胜任力的三级指标设计调查问卷，进行预调查。经过统计分析，确立了本研究所需的各项指标，形成智库专家评价指标的正式问卷。最后由下而上，经统计分析与检验形成智库专家指标二级指标并确立各项、各级指标之间的相互关系。最后，进行正式的问卷调查。主要调查对象包括北京、上海、南京、重庆、成都、兰州等全国各地各类智库专家，用验证性因子分析验证模型的拟合度。

二、研究思路

基于前面所述的研究问题和研究方法，本文的研究框架如图 1－1 所示。

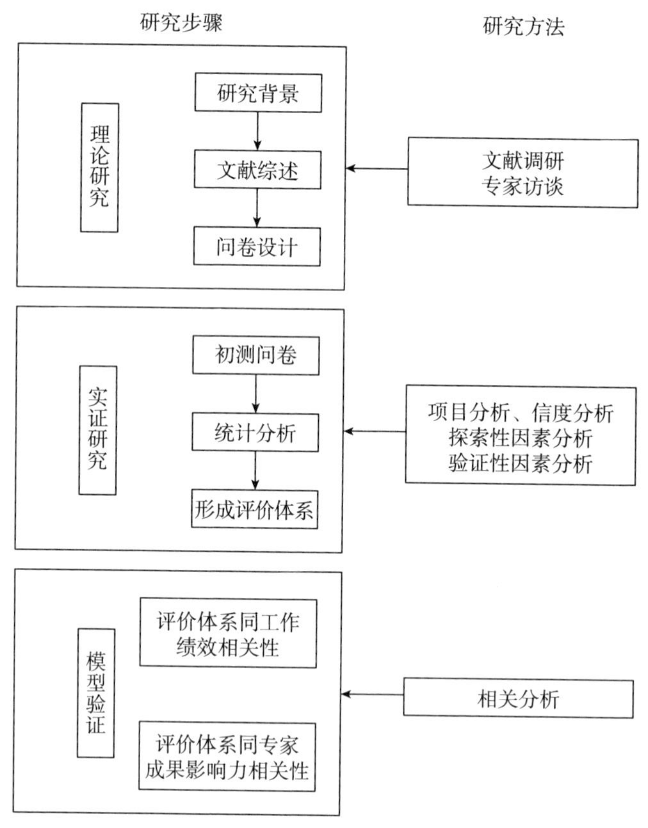

图 1－1　本书的研究框架

第三节　研究问题和具体内容

一、研究问题

本研究以胜任力理论为基础，全评价理论为思想指导，从个体层面引入文献计量学理论、人才素质测评理论，构建适合中国国情的智库专家评价指标体系，并开发智库专家成果影响力模型和利用成熟工作绩效量表作为效标效度以验证智库专家评价指标体系的效度，最后在验证智库专家评价指标体系具有良好的信效度的基础上，构建了智库专家评价指标体系，同时确定各评价指标的量化权重，提出完善智库专家评价的优化路径，丰富了胜任力理论，并为中国智库专家实践提供理论和实证参考。主要研究问题如下：

1. 构建基于胜任力的智库专家评价指标理论体系

本研究拟在中国特色智库背景下，以智库专家为研究对象，引入胜任力及人才素质测评理论。首先根据文献研究成果，同时结合 30 多位各类型智库专家访谈结果，提出基于胜任力的智库专家理论评价指标体系，主要包括显性特征、隐性特征 2 个一级指标，40 个三级指标，形成智库专家评价指标库，构建智库专家评价指标理论模型。

2. 构建定量化的智库专家评价指标体系

以智库专家评价指标理论体系为基础形成问卷，通过问卷调查采集全国各地的智库专家数据，随后进行统计分析以确定智库专家评价指标体系，并采用因素分析法确定各指标权重，最后确定了基于胜任力理论的智库专家评价指标体系。

3. 构建效标以验证智库专家评价指标体系

构建智库专家成果影响力模型，同时利用工作绩效量表，以验证智库专家评价指标体系的效度。

二、研究创新

分析本研究内容和相关研究述评，可能的创新点，一是以全评价理论为指导，构建了基于胜任力的智库专家评价指标体系。二是构建了智库专家成果影响力模型以验证智库专家评价指标体系。

通过国内外文献综述不难发现，学术界对基于胜任力理论的高校、科技人才或高学历人才评价研究成果较多，但是对于智库专家人才评价研究尚属空白。本研究首次基于胜任力理论，以智库专家评价为研究对象，将智库专家胜任力划分为一般胜任力和专业胜任力，针对性和应用性较强。根据智库人才评价现状的分析，结合智库人才的胜任力特征和要求，构建了智库专家评价指标体系，以减少主观因素的影响，使得智库专家评价指标体系尽可能地客观和全面，并运用德尔菲法和因素分析法对所设计的评价指标进行权重计算。

三、具体内容

本研究针对中国特色智库专家评价指标体系进行研究，具体内容如下：

第一章：引言。从两办《意见》及中国智库在国际智库上的排名背景出发，通过文献研究和专家访谈，分析了国内智库人才管理现状及存在的问题，介绍本研究的研究背景、意义、方法、思路、问题和整个论文的组织结构。

第二章：理论基础。对全评价理论、文献计量学理论、胜任力理论、人才素质测评理论进行评述。全评价理论介绍了该理论的框架，文献计量学理论介绍了与智库专家评价相关的几大定律，胜任力理论主要总结了胜任力的内涵、主流模型以及多种研究方法。人才素质测评理论明确了人才评价的内涵、原理、方法和指标体系。

第三章：研究述评。本章对国内外相关文献进行了梳理和评述。通过文献研究首先界定了智库专家的定义与智库专家的分类，明确了智库专家同一般科研人员、政策人才的区别。其次探讨国内外学者关于科研人才、智库人才评价的研究现状。介绍了国内外智库专家评价指标规则，提出了智库专家评价的效标效度，最后对研究对象的国内文献进行计量分析。

第四章：智库专家评价指标理论体系构建。本章以胜任力理论为基础，全评价理论为指导，结合已有人才评价文献及专家访谈成果，建立智库专家评价指标理论体系。智库专家理论模型分为两大部分：显性指标和隐性指标。具体评价指标体系分为三级：一级为目标层，包括显性指标维度和隐性指标维度；二级指标为准则层，为一级指标下的各因素；三级指标为指标层，为二级指标下的具体指标。最后对指标的含义进行具体阐述。

第五章：评价指标测评及权重确定。以智库专家理论模型为基础形成初测问卷，通过问卷调查采集国内智库专家的数据，对收集的问卷经清洗后，先进行项目分析删除不合适题项、再进行信效度检验、最终经探索性因素分析确定评价指标体系的维度和智库专家各指标权重，通过验证性因素分析验证智库专家评价指标体系模型，构建基于胜任力的智库专家评价指标体系实证模型。

第六章：智库专家评价指标体系效度检验。以文献计量学理论的几大定律为指导，构建智库专家评价指标的效标效度—智库专家成果影响力模型。利用工作绩效量表和智库专家成果影响力模型同智库专家评价指标体系做相关分析，对智库专家指标体系的有效性进行验证。

第七章：智库专家评价指标的应用，另外在不同社会统计学变量维度上，对智库专家的隐性指标四个因素得分及显性指标两个因素得分进行差异检验。

第八章：结论与讨论。对整个评价指标体系的研究过程进行总体讨论，总结本研究的主要结论并提出本研究不足之处及对后续研究的展望。

第九章：提升智库专家胜任素质的路径。根据构建智库专家评价指标体系研究结果，结合国内外研究成果和观点，按照人力资源管理选拔、培训、绩效管理的模块提出优化路径。

第二章　理论基础

针对引言中提出的研究内容，本章主要对相关支持理论进行梳理和评论。具体包括全评价理论、文献计量学理论、胜任力理论和人才素质测评理论以及现有文献进行分析和陈述。通过对现有理论和文献梳理，为智库专家评价指标理论体系的提出和研究假设奠定基础。

第一节　全评价理论

本研究中的智库专家评价不仅隶属于人才评价，也隶属于学术评价，而学术研究能力的评价是智库专家评价的核心部分。全评价理论是目前国内关于社会科学学术评价最具影响力的理论研究成果之一。

一、社会科学学术评价

由于社会科学的研究成果存在一定的主观性和经验性，社会科学评价标准在客观上存在五类冲突。一是学术标准与非学术标准的冲突，二是基础理论与应用研究标准的冲突，三是本土化标准与国际性标准的冲突，四是新型标准与规范性标准的冲突，五是不同评价对象标准的冲突等，从而增加了社会科学评价的复杂性。

关于社会科学学术评价制度，西方发达国家经过多年的发展，已形成一整套相对成熟的制度规范和操作办法。如运用同行评议制度作为社会科学学术质量评价的主要手段。同行评议制是指某领域评审专家采用客观标准对涉及该领域的知识成果进行评价的活动。同行评议有多种方法，包括同行专家组或委员会评议（小组评议）和通信同行评议。小组评议通行做法是聘请本领域数位专家组成讨论小组以开会的方式进行评议。会议的讨论结果即是对该科研成果价值的确定。通信评议会将待评议的成果寄给同行领域多个专家进行评议。研究成果都要经过同行专家的评价，才能得到正式发布。评价主要考察学术规范、学术质量和学术影响。

由于同行评议评价具有主观性强、耗时较长、成本较高且局限于本领域评价而不利于跨学科评价等问题的存在。在此背景下，匈牙利著名学者贝克（Beck）开发了客观测评科学成果质量的测量方法，该方法将科学认识论结构分为设立公理、建立定理、联结理论模型和现实、获得经验事实、探索性实践和程序性实践六个阶段 42 个测度等级。

此外文献计量法也受到了广泛的应用。自 20 世纪 60 年代美国 SCI、SSCI 和 A&HCI 问世以来，世界各国有关引文数据评价与同行评价的争论一直延续至今。加菲尔德（Garfield）博士在中国明确表示，不能过分依赖 SCI 论文数量来评价科学①。从学术评价的实践角度来看，随着中国科学引文数据库（CSCD）、中文社会科学引文索引（CSSCI）等数据库的出版与各类评价机构的增多，学术评价对象已从对学术期刊、论文等研究成果的评价，拓展到对基金项目、学科、机构、人才等全方位的评价。各类学术及管理部门也在积极地探索和评价改革试验，如代表作制等，取得了一定进展。但就我国社会科学学术评价制度而言，目前评价制度的缺陷主要体现在重视量化考核的同时却忽略了成果质量，注重引文数量的同时忽视了引文质量。从整体来看，学术评价还存在着质量和创新力评价弱化、过分数量化、形式化、行政化和评审专家人情化、评价结果软化等所谓“六化”问题，针对人文社会科学特点和复杂性的评价体系尚未形成。

美国卡内基教学促进基金会前主席博耶（Boyer）于 1997 年提出关于学术评价体系的构建。一是提出广义学术的概念，包括发现的学术、综合的学术、应用的学术和教学的学术。二是指出四项评价原则：即学者的品质、学术工作的标准、学术的证明（含自我评价、同行评价、学生评价和委托人评价）、评价过程的可靠性等。三是提出评论六条标准：即明确的目标、充分的知识积累和准备、

---

① 赵亚辉，王昊奎．“SCI 之父”加菲尔德：不能以 SCI 论文数量评价科学水平［N/OL］．人民日报，2009 -09 -15，http：//news. sciencenet. cn/htmlnews/2009/9/223357. shtm.

适当的方法、重要结果、有效的交流和深思熟虑的评论。在国际学术界产生了广泛的影响①。

从总体上看，国内学术评价存在评价理论薄弱、评价主体不明、评价目的不明确、评价标准及指标模糊、评价方法和手段单一、评价制度不全、评价结果公信度不高等问题，尚未形成业界公认的人文社会科学评价体系；而国际上也没有一套现成的学术评价体系可以引进到国内进行推广应用。

二、全评价理论体系

在业界尚未形成公认的人文社会科学评价体系背景下，2010 年，南京大学叶继元教授在应用价值理论、评价理论、系统论、全信息和全知识理论和概念研究法、抽象思维法等基础上，充分吸收国内外学术评价理论和实践成果，提出了全评价理论，在人文学术界引起巨大反响与广泛关注。全评价理论体系已经经过很多实证检验，其论述先后被《高等学校文科学术文摘》、《新华文摘》、《光明日报》、《中国社会科学报》、《社会科学报》、全国哲学社会科学规划办公室网站等转载或报道，被同行多次引用。评论者认为，叶继元教授提出的全评价体系较具学理性、理论性，其形式评价、内容评价和效用评价三位一体组合的观点，既具有创新性、学理性也具有较强的可操作性②。

全评价理论认为一个完整的评价体系至少涉及六大要素：既评价目的、评价主体、评价客体、评价标准和指标、评价方法和评价制度。其中评价目的是整个评价体系的中心思想，评价主体是整个评价体系的主导，而评价标准和评价指标是评价体系的核心，评价制度是整个评价体系的根本保障。全评价理论认为在任何一项学术评价中，应根据评价目的来确定评价标准及指标、评价方法、选择评审专家的运作模式适合于当前的学术评价③。此理论模式指明了评价的具体原则和框架，较好地解决了当前学术评价界存在的过分数量化和形式化的问题，指出应根据评价对象的自身特点选择不同的评价制度、方法和指标。

从全评价理论体系可以概括出，评价目的在整个评价体系中起到决定性作

① Glassick C E. Scholarship Accessed：ASpecial Reporton Faculty Evaluation［EB/OL］. ifthAAHEConferenceon Faculty Roles And Rewards（California），1997，http：//www. uge. edu. hk/eng/doc/publication/prog/rae/180106.

② 余三定．关于我国新时期学术评价讨论的评述［J］．云梦学刊，2011（2）：5－12.

③ 叶继元．人文社会科学评价体系探讨［J］．南京大学学报（哲学·人文科学·社会科学），2010（1）：97－110.

用，同行专家评价起主导作用，同行专家与引文等计量评价形成互补作用的评价指标体系；所有评价都可以归纳成形式评价、内容评价和效用评价三种方式，这和成熟的心理学效度分类（结构效度、内容效度、效标效度）有相似之处。其中形式评价是评价主体对评价对象的外部各方面特征的评价；内容评价是评价对象的内涵特征，是关于整个评价体系质量的评价；效用评价是实践、时间与历史对评价客体实际作用和价值的验证或最终评价①。

全评价体系主要聚焦于学术活动中学术成果、科研单位与学者评价体系的探讨。学术成果是隐性知识外化的产物，科研单位与学者皆为学术活动的行为者，从本质上讲对学术成果、学者的评价即对学术活动显性化程度的评估②。

从学科范畴角度来看，全评价体系框架是基于人文社会科学评价提出的。智库专家绝大部分也是人文社会科学类学者，符合全评价体系提出的前提要求。从理论要素角度来看，全评价体系的核心理论要素为“六位一体”的评价体系。智库专家评价体系缺少这六要素的任何一种都不能称为完整的体系，不能构成系统化、联系性的评价结构框架。从评价对象解读来看，全评价体系适用于人文社会科学整个学术活动过程，评价客体包括研究人员和学者、学术机构、研究项目和计划、学术成果和学术媒体等。智库专家是专门从事政策研究的学者，其研究成果可根据全评价体系进行评价。

评价本质、学科范畴、理论要素与评价对象四方面体现了智库专家与全评价体系应用的一致性与联系性。由此可见，智库专家应用全评价体系框架是可行的。全评价理论框架是本研究的重要指导思想，对智库专家评价指标体系提供整体性理论指导。

第二节　文献计量学理论

文献计量学理论经过百年发展，在理论和实践方面深深影响着其他广大学科，现已成为一门重要的基础学科。不仅普遍运用于学术期刊评价、文献规律分

① 叶继元．图书馆学期刊质量“全评价”探讨及启示［J］．中国图书馆学报，2013（7）：83－92.

② 范佳佳．科技网站信息质量评价模型与实证研究［M］．上海：上海社会科学院出版社，2016：68－71.

析、文献情报管理、科研规律研究、信息检索等传统图书情报与档案管理领域，在科技、人才、机构等社会评价领域也得到深入应用。文献计量法具有客观具体、可操作性强等优点，除了常见的引用次数和影响因子法，最新的文献计量方法还包括美国学者赫希（Hirsch）提出的 h 指数（h－index）和埃赫（Leo Egghe）提出的 g 指数（g－index）等。本研究关于智库专家成果影响力中的学术成果特征，运用了文献计量学相关理论。

一、文献引用定律

20 世纪初科学文献引文的研究开始受到很多著名学者的关注，如俄国学者瓦尔金于 1911 年通过对当时较有影响力的化学家的著作进行统计分析，发现俄国化学家文献被引用次数呈现一定的规律性。美国情报学者加菲尔德于 20 世纪 60 年代首次提出对参考文献进行检索的思想，也就是期刊文献引用定律，即加菲尔德引文集中定律，并在此基础上提出了编制引文索引的系统方案，该方案创新性地提出各学科的核心期刊数量在 1000 家以内，而主要核心期刊在 500 家以内。在加菲尔德理论的启发下，世界各地文献计量学者提出了各种引文测度指标，如期刊引用量、期刊被引量、影响因子、引文率和 h 指数等，不断深化文献引用研究[①]。智库专家学术文献被引是考察智库专家学术能力的重要指标。

二、洛特卡定律

1926 年美国学者洛特卡在其著名学术论文《科学生产的频率分布》中提出了后来被学术界誉为洛特卡定律的重要成果，至今已过 90 年。它是文献计量学领域中最早创立的重要定律，同时也为文献计量学的创建奠定了重要的基础。洛特卡定律的一般公式被表示为 $f(x) = c/x^a$，其中，c 和 a 两个常数随统计对象与数据不同而有不同的值，简单来说即写有 X 篇论文的作者份额与 X 的平方成反比，因此又被称作倒平方著者分布定律。洛特卡定律阐明了信息劳动过程中的生产关系信息，揭示了科学生产率的概念，该定律揭示劳动中生产得多，其占有的也多；占有得多，生产的也多[②]。这对于智库机构的研究人员的选拔与管理具有重要的指导意义。

---

① 叶继元．核心期刊概论［M］．南京：南京大学出版社，1995：71－72.

② 王静，王宏鑫．关于 Lotka 定律的研究——纪念洛特卡定律创立 80 周年［J］．情报杂志，2007（4）：94－96.

三、h 指数

2005 年，美国著名学者 Hirsch 经过多年研究，提出用 h 指数来测评科学研究者的学术成果，h 指数一经提出，便掀起了学术界的广泛讨论，次年 Hirsch 建立了 h 指数的数学模型，由此开创了学术评价的新指标，引起了学术界的高度关注。这个指标的含义可以简单概括为：一位作者的 h 指数等于其发表了 h 篇至少被引 h 次的学术论文①。

Hirsch 在其后续对美国物理学和生物学界的学者的学术成果进行研究，发现副教授职称学者的 h 指数为 12 左右，而正教授的 h 指数在 18 上下，而成长为一名国家科学院院士 h 指数需达到 45 以上。在以上研究的基础上，Hirsch 发现要成为一名知名的学者，h 指数需要达到 20，而要发展成为一名杰出的学者，h 指数需达到 40 以上。

随着对 h 指数研究的不断深入，世界各地的学者对 h 指数展开大量的研究与评价，如 Bornmann 在研究中发现的博士后申请成功者的 h 值显著高于申请失败者②，更加肯定了 h 指数的科学性。南京大学叶鹰教授认为对 h 指数和类 h 指数的研究具有非常重要的价值，并认为 h 指数以及类 h 指数未来很有可能成为核心评价参数③。智库专家的研究成果评价可引用 h 指数作为评价标准。

第三节　胜任力理论

一、胜任力的内涵

胜任力，其英文单词是 competence，起源于拉丁语 competere，是适应、适合的意思，目前是心理学领域的一个重要概念，主要用于解释个体响应外界环境加

---

① Hirsch J E. An index to quantify an individuals scientific research output ［J］. Proceedings of the National Academy of Sciences of the USA，2005（46）：16569－16572.

② Bornmann L，Daniel H D. Does the h－index for ranking of scientists really work? ［J］. Scientometrics，2005（3）：391－392.

③ 叶鹰 . h 指数和类 h 指数的机理分析与实证研究导引［J］. 2007（5）：2－5.

于自身要求的能力①。在英文文献中，描述胜任力的词汇有“competence，competency”，中文翻译成“能力”“胜任力”“胜任特征”“胜任特质”“职能”“素质”和“胜任素质”等。国内很多研究人员将“胜任力”和“胜任特征”交替使用。本研究中统称为胜任力。

胜任力的研究是当前管理学、教育学和心理学研究的热点领域。在实践方面的应用起源于20世纪中叶，美国政府发现曾经提拔外交官的效果不太理想。比如许多从履历或表面上看比较优秀的人才，在未来实际工作中的表现却令人失望，尤其涉及工作态度和工作绩效方面。在此情况下，美国政府邀请了哈佛大学著名学者麦克莱兰（McClelland）来设计一套人才测评的方法，来选拔未来工作中有潜能或者说能达到组织期望绩效的外交人员。经过大量调研，麦克莱兰发现个人学历、经历、文凭等履历上的硬性条件并不能预示着个体未来一定能产生较高绩效，或者说相关性并不是很高，而价值观、工作态度、自我激励、人际敏感性、组织协调、政治判断力和对他人的积极期待等潜在的个性特征与绩效有较大正相关。在此研究的基础上，麦克莱兰对工作表现优秀的外交官与一般的外交官的具体行为特征进行分析，发现了能够真正区分优秀和一般外交官工作绩效的胜任力特征，最终美国政府把提炼出的优秀外交官所具备的胜任力模型作为外交人员选拔标准。后来麦克莱兰（McClelland）发文对美国各企事业单位采用的智力测验选拔员工的信效度提出了质疑，认为个体智力测验的分值与其在学校的考试成绩虽然有一定程度的正相关，但在学校的考试成绩与其未来事业上的成功的相关性并不是很高。指出智力测验并不能检验出为保证未来工作成功而需要的能力，在此背景下，提出了影响力较大的胜任力测验。认为胜任力是区分特定环境及工作岗位中个体工作绩效高低的个人特质，是个体取得良好工作绩效所应具备的知识、能力、个性等各方面特质的综合，能较好地预测个体的工作绩效。同时提出胜任力测验的五大原则：一是基于效标取样业绩标准的评价是目前最好的测验；二是测验要能很好地预测个人未来学习、工作成长的变化趋势；三是要让被试知道如何提高测试的特征，以保证测试的公开和透明；四是测试的主要内容包括胜任素质、操作性的行为及应答性行为；五是测验应采取操作性思维模式以实现最大程度的概括多种行为②。

---

① White R W. Motivation reconsidered：The concept of competence［J］. Psychological review，1959（5）：297－323.

② McClelland D C. Testing for competence rather than for intelligence［J］. Am Psychol，1973（4）1－14.

博亚特兹（Boyatzis）将胜任力引入管理界并随之普及。目前在人力资源管理领域，胜任力思想已得到广泛的应用，同时在企事业单位人员的选、育、用、留等人事管理实践中取得了较好的成效[①]。

当前研究者对于胜任力的认识已发展到胜任力受到行业特征、组织文化、社会互动等影响的情境化阶段。目前国内外关于胜任力的定义，可分为三大流派：一是教育学流派，认为胜任力是基于职位功能的分析，以职位绩效、知识、技术和态度的相关标准来解释和评价。二是心理学流派，代表人物为 McClelland 和 Boyatzis，将胜任力定义为与个体出众的工作绩效相关的知识、动机、社会角色、自我形象和技能的集合。三是商用派，如 Hamel 和 Prahalad，定义胜任力为团体共同的知识（Collective Learning）。

总结这些定义，目前理论和实践界并没有形成统一的概念，但主要共识包括如下四方面：一是胜任力会受到各行业特征、组织文化和环境以及具体岗位的影响。二是胜任力对个体的工作绩效有着非常重要的影响，并且可用来预测个体未来的工作绩效。三是胜任力是高绩效个体明显区分于低绩效个体的显性特征及隐性特征，这些特征是随着情境和时间动态发展的。四是胜任力能区分业绩优秀者与一般者。

二、胜任力模型

Shippmann 认为胜任力模型（Competency Model）是指特定岗位需要具备的内在结构的各类胜任特征的综合[②]。时勘等将胜任力模型定义为个体承担某具体岗位应具备的胜任特征要素的组合，这些特征来自于具体职位表现优异者相对于表现平平者所具备的胜任特征结构，包括一般胜任特征和特殊胜任特征[③]。人大教授萧鸣政认为胜任力模型是个体或组织胜任某具体工作任务的一系列胜任力特征的合集，或者说是担任某一具体职责需要具备的胜任特征的组合[④]。彭剑锋将素质模型定义为根据某项工作绩效目标，要求该岗位职员所应具备的一系列胜任

① Graham M E, Tarbell L M. The importance of the employee perspective in the competency development of human resource professionals ［J］. Human Resource Management, 2006 (3): 337 – 355.

② Shippmann J S, Ash R A., Battista M., et al. The practice of competency modeling ［J］. The Practice of Competency Modeling, 2000 (53): 697 – 707.

③ 时勘，王继承，李超平．企业高层管理者胜任特征模型评价的研究［J］．心理学报，2002（3）：193 – 199.

④ 萧鸣政．人员素质测评理论与方法［M］．北京：北京大学出版社，2011：40 – 44.

力特征的总和，如知识、能力、价值观、动机、个性、品质、自我认知与社会角色等特征①。

使用胜任特征模型，能帮助分辨具体岗位需要哪些一般胜任特征和具体胜任特征，能够帮助组织抓住选拔和培训的重点。建立胜任力模型主要是通过各种技术方法辨别在知识、技能、价值观、责任心、态度等方面业绩优秀者相对于业绩普通者间的差异，并将发现的数据定量化，从而形成可判断胜任力的可操作的模型体系。通过胜任力模型的构建，可以帮助组织判断并发现导致员工绩效好坏差异的关键驱动因素，从而成为指导员工改进并提高工作绩效的基点。

1. 胜任模型理论

目前学术界关于胜任力理论模型主要有冰山模型和洋葱模型。冰山模型（The Iceberg Model）由 Spencer（1993）夫妇总结了近 20 年的理论与实践成果，根据形成的胜任特征数据库总结而成的模型结构。图 2 - 1 冰山模型包括外显可看得见的胜任力特征（处于水面之上的冰山，最易改变，如知识、技能等），以及内隐看不见的胜任力特征（处于水面以下的冰山，不易触及，也最难改变，如自我概念、价值观、动机等）②。

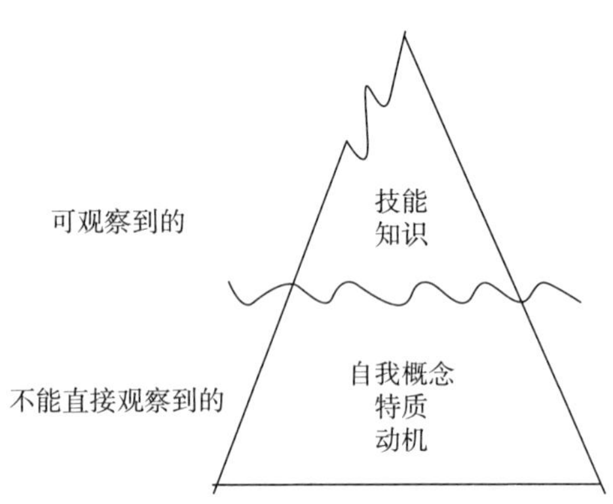

图 2 - 1　胜任力冰山模型

资料来源：Spencer L M，Spencer S M. Competence at Work：Models for superior performance ［M］. New York：John Wiley & Sons Inc.，1993：18 - 24.

① 彭剑锋. 人力资源管理概论［M］. 上海：复旦大学出版社，2009：98 - 99.

② Spencer. Supervisory feedback：Alternative types and their impact on salespeople performance and satisfaction［J］. Journal of Marketing Research，1993（2）：190 - 201.

美国学者Boyatzis提出洋葱模型（Oion Competency Model），是另外一个具有较高知名度的胜任力理论模型①。由图2-2可见洋葱模型最外面的知识和技能经过努力并不难提升，而中间层的客户导向、结果导向、社团导向以及自我认知和社会角色，不仅难以测量而且通过个人努力也不易提升或改变；最里面的核心层是个体的个性和动机，这是个体稳定的特征，也是所有胜任力特质最难以改变和评价的，谚语“江山易改本性难移”主要指的就是这一层，但此层对个体的胜任力具有决定性的作用。

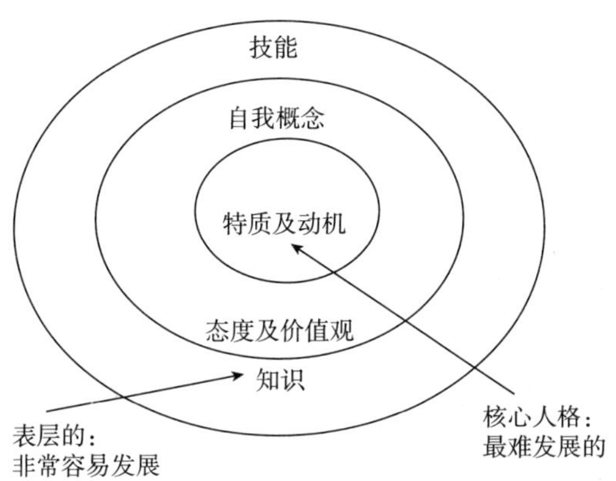

图2-2 胜任力洋葱模型

资料来源：彭剑锋，荆小娟．员工素质模型设计［M］．北京：中国人民大学出版社，2003.

关于两个模型间的关系，彭剑峰教授认为，洋葱模型可以看作是从另一个角度对冰山模型的解释。仿照洋葱的构造，由表向里、层层深入的结构类型，将胜任特征由外层及内层，最表层表征为技巧和知识，中间为态度、价值观、自我概念，最里层为特质及动机。

胜任力冰山模型及洋葱模型，均认为潜在的、内隐的、深层次特征是决定个体行为及工作绩效的核心因素。

借鉴国外经验和研究方法，国内研究者也建构了相关行业的胜任力应用模型，如人大学者彭剑锋教授提出的胜任力金字塔及FPEB模型②，何志工构建的

---

① Spencer L M，Spencer S M. Competence at work：Models for superior performance［J］. New York：John Wiley & Sons Inc.，1993（17）：18-24.

② 彭剑锋，刘军，张成露．管理者能力评价与发展［M］．北京：中国人民大学出版社，2005：55-59.

胜任力梯形模型①，佟庆伟把个人素质结构划分为非认知因素、能力及知识三层结构，构建出一般性个人素质结构的3G理论模型②。

2. 胜任力模型作用

目前胜任力模型在企事业单位的人力资源管理中取得了越来越重要的作用，通过构建胜任力模型，能较全方面了解被测评对象显性方面的胜任力如知识背景、专业能力特征、工作经验等，以及测评对象隐性方面的胜任力特征如价值观、责任感、自我激励、沟通协调、人际交往等。从而通过选拔、培训来提高员工各方面的能力，以促进全方位的发展，做到真正的人岗匹配。具体表现在人员招聘、培训、考核、晋升等各个方面。

（1）胜任力模型在人员选拔中的应用。传统的招聘选拔模式主要侧重于应聘对象显性指标的考虑，具体表现在对应聘者履历的分析，虽然应聘者的履历代表其曾经的任务绩效，其完成工作的成果。一方面一个曾经多产的个体，不一定就一直会多产，另一方面换了一个组织环境，结果往往造成完全不同的结果。比如有些高校花高薪挖成熟的成果非常丰富的科研团队，结果招来后发现其入职后与曾经的成果相比大相径庭。这里的主要原因是忽视胜任力的隐性指标如责任心、自我激励、沟通协调、人际关系等，以及忽视了胜任力的情境性。

（2）胜任力模型在人员培训中的作用。大多组织依据新入职员工的情况和组织目标，决定培训需求。培训是人力开发的重要手段。员工只有靠不断的培训才能提升机构需要的各方面能力。而加强员工哪方面的培训是人事管理必须重视的问题，只有做到有的放矢，才能不浪费机构的财力和人力。胜任力模型的构建不仅能评价机构员工的能力特征现状，而且可以和工作绩效的各方面进行关联，发现哪些能力素质是机构最需要的以及员工在胜任力素质各方面的长短，并根据能力的评估，给出有目的的培训。

（3）胜任力模型在员工职业规划中的作用。通过具体岗位的胜任力模型，可以让员工了解要胜任该岗位所需的各种特征，以及各特征在模型中的权重，同时发现自己在各胜任特征上的优劣情况，从而有针对性地发挥自己的优势特征，弥补自己的劣势特征，为未来的发展提供具体的方向。同样也能为组织制定整体发展目标提供参考。

---

① 何志工，李辉，程广林等．人力资源经理胜任素质模型［M］．北京：机械工业出版社，2005.

② 佟庆伟，秋实．个体素质结构论［M］．北京：中国科学技术出版社，2001：20－23.

（4）胜任力模型在员工绩效管理中的作用。胜任力评价指标体系能较好地预测工作绩效。基于胜任力的绩效管理为员工如何达成组织绩效目标，以及如何将组织愿景、价值观融入日常的工作中，奠定了基础并指明了方向。

三、胜任力分类

目前管理学界的学者依据不同的标准对胜任力进行了划分。Ford 和 Goldstein（2002）根据规模将胜任力划分为组织胜任力（intraorganizational competence）与个体胜任力（personal competence）。个体胜任力被定义为能区分高绩效与低绩效员工的胜任特征，组织胜任力指员工对该机构的价值观、文化、愿景等自觉认同的胜任特征。

Guglielmion（1979）根据结构将胜任力分为技术类胜任力（technical competence）、管理类胜任力和人际类胜任力（interpersonal competence）。技术类胜任力是指与某专业岗位相关的胜任特征；管理胜任力主要指组织管理所需具备的一系列的相关胜任特征；人际胜任力是指个体开展有效的人际沟通与交流，建立良好的人际关系所需具备的一系列胜任特征①。

按照胜任力的构成要素，Spencer 根据冰山理论将胜任力分为基准胜任力和鉴别胜任力。将基准胜任力定义为从事某一具体岗位所需的基本知识和技能，这些知识和技能可以通过后天学习予以掌握；将鉴别胜任力定义为个体的价值观、自我动机、个人态度、自我认知和社会角色等心理特征，这些心理特征在短时期内难以改变和发展，同时也是高绩效者获得成功的重要条件②。

根据胜任力对专业要求的不同，可分为一般胜任力（generic competencies）和专业胜任力（specific competencies）。King 将胜任力分为专业胜任力和一般胜任力。专业胜任力是指从事某一行业的具体专业所需具备的胜任特征组合，也称为鉴别胜任力。而一般胜任力为该行业专家所共有的胜任力，如沟通能力、学习能力、服务意识、成就特征等，具有一定的普遍性。

本研究根据 King 的分类，将智库专家胜任力区分为智库专家一般胜任力、智库专家专业胜任力。智库专家专业胜任力定义为不同领域的智库专家的特有的专业胜任能力，如军队智库专家需具备较强的军事理论知识，而企业智库专家需

---

① http：//www.doctohtohnes.net/artide_ three.htm，2006－03－06.

② Spencer L M，Spencer S M. Competence work：Models for superior performance. ［M］. New York：John Wiley，1993：9－11.

掌握企业的经营管理知识等。而一般胜任力，也就是智库专家行业所共有的胜任特征，比如政策分析能力、外语知识、研究工具等。

四、胜任力研究方法

众多研究者根据不同岗位构建了与工作环境关联的胜任力模型，但构建方法各不相同。胜任力建模的思路主要有三种：一是确定与组织文化和核心价值观相一致的胜任力，优点在于揭示模型中深层胜任特征，采用的途径是职业分析法。二是使用关键事件访谈法，选择高绩效的岗位角色，从中抽取特征。这种途径前提是已确定出“正确的事”，余下的任务是“正确做事”，即提高在职员工的绩效，改善其胜任特征。三是根据行业关键成功因素开发胜任特征模型，重点在于识别行业关键成功因素。

目前国内建立胜任特征模型主要有两种途径：学术界主要采用研究途径，运用经典的实证研究路线，强调系统数据的采集与分析，优点在于构建的胜任力模型效度较好；而更多的企业根据自身环境主要采用实践经验总结的途径。表 2－1 总结了国内外胜任力模型构建的主要方法①，这七种方法都有其优点和缺点，在各类胜任力模型构建中往往综合采用多种方法，避免遗漏重要的胜任力特征。

表 2－1　胜任力模型构建方法比较

研究方法	优点	缺点
行为事件访谈法	经典方法，信效度得到研究结果的支持；对工作挑战和胜任特征提供深度的视角；清晰分辨产生高低绩效的胜任特征	研究耗时多，不适合研究系列职位；着重回顾过去的关键行为事件，忽略未来需求，不能有效反映环境变化
职位分析法	关注实际工作产出；可识别出具体工作岗位或工作所需的各项能力，具有很强的具体操作性	未考虑情境的重要性，注重个人成就，忽略团队协作，未考虑岗位的动态发展，忽略知识、个人胜任力及过程能力
绩效法	聚焦工作目标，通过分析绩效产出来确定胜任力；具有可操作性的定量指标和权重	无法发现深层次的人格特征
问卷调查法	节省人力物力；可进行大规模调查，结果易标准化和量化，便于统计分析	调查结果广而不深；用户自填，其质量不易得到保证；回收率不确定

① 庆海涛，陈媛媛等．智库专家胜任力模型构建［J］．图书馆论坛，2016（5）：34－39.

续表

研究方法	优点	缺点
文献研究	快速、简单；可初步获得职位胜任特征概况	无实证检验，需详细评估；文献价值难把握
专家访谈	容易和方便可行，引导深入交谈，可获得可靠、有效的资料；信息量大且有深度和广度	样本小，需较多人力、物力和时间，应用受到一定限制；无法控制被试受主试的影响
胜任特征数据库	使用简单、方便；可为问卷调查法、团队访谈等提供初始的胜任特征数据	因组织环境、文化、职责等存在差异，数据库胜任特征对具体组织的匹配度不高

第四节　人才素质评价理论

随着人才评价实践的不断发展，不唯学历、身份和资历，以能力和业绩为导向的人才标准得以确立。但旧的人才评价标准和方式仍然在很多领域延用，在很多行业仍然缺乏对人才客观、全面、公正的评价。因此科学的智库专家评价指标体系必须建立在合理的人才评价体系理论基础上。

现代人才评价理论以组织行为学和管理学作为学科基础，在 20 世纪蓬勃发展。近几十年来发达国家人才评价理论与技术已充分运用到了人力资源管理的各个领域中，已开发出各类信效度较高的人才评价技术，如心理测验、面试、履历分析和评价中心技术等。与人才评价相关的人才测评咨询、服务和培训等已发展成为一个成熟的产业。我国人才评价开展相对滞后，但随着心理学和组织行为学在我国的深入与发展，国内人才测评的功能、测评方法有了很大的改进，测评的范围与领域已拓展到党政机关企事业单位人力资源的招聘、评价等领域。

一、素质的界定

对人才素质进行评价，首先需定义什么是素质以及素质的特性。素质一般被定义为由个体的生理特点、心理特点及自身具有的社会意识品质所构成的整体，其不仅反映了个体与生俱来的气质，又受到了后天生活所处环境的影响，北大著名学者萧鸣政教授认为素质是个体行为的基础和核心因素，由生理素质和心理素质组成，是个体完成一定的活动和任务所必须具备的基本条件，是个体完成任务、提高工作成绩的前提。素质从动静两方面推动个体未来事业的发展，其既是事业发展的必备因素，也是事业发展的保证①。

素质主要包括四个特性。一是基础性。素质是个人事业发展的必要条件，而非充分条件。良好的素质是个体有所作为和事业发展的必备条件，据了解，积极向上、具有冒险精神、自我激励、较强的组织协调及良好的沟通能力等素质的人群中出现成功人士的概率较高。二是稳定性。素质作为个体身心系统高度统一的结构，表现出一定的稳定性。换句话说，素质是个体长期连贯的行事特点，虽不排除个体行为在某些时候出现改变或不同，但从长期来看，总体依然呈现长期连续性的特点。由此可见，素质的可测性和可考察性离不开素质的稳定性。三是可塑性。个体的素质由于其先天所具有的资质受到后天成长过程中的主观能动性以及成长所处环境的影响，会不断地变化和发展，具有明显的可塑性。先天表现微弱的素质，经过环境的影响以及个体的训练，会变得越来越显著；相反，一些显著素质由于缺少训练和环境的影响，可能会削减。这说明了素质可以被开发和利用。四是表现性。在生活中个体的行事风格、为人处世、业务能力等都会显示出其个人的素质情况，而素质又是客观存在的，因此可通过对个体外在行为数据来推测个体的内在素质。素质的可表现性在一定程度上为素质可测性提供了可能。

二、人才评价的内涵

人才评价也称之为“人才测评”“人才测量”“人才评鉴”等，是指在相应目标驱动下，通过相关手段和方法对人的素质进行衡量的活动。在由人组成的组织中，对人进行评价的重要性是毋庸置疑的，对员工的选拔、培训、绩效考核、员工置业发展等许多模块的管理都需要人才评价予以提供支持。肖鸣政将人才评价定义为测评专家采用一系列科学的测评方法，对应聘者在特点环境中的行为表现进行施测，将收集的测评结果进行统计分析，最后得出结论的过程。他将人才评价分为狭义和广义，其中狭义的人才评价是指通过量表对人才的知识、智力、技能、经验、品德的评价活动。广义的人才评价，则是通过量表、面试、履历分

① 肖鸣政．人员素质测评理论与方法［M］．北京：北京大学出版社，2016：2－5.

析、心理测试、评价中心技术、业绩考评等多种方法，对人才进行综合评价①。

我国的人才评价从上古时代就已经在发挥效用了。据文献记载，尧在选择舜作为国家接班人时，根据“以二女妻舜以观其内，使九男与处以观其外”的测评方法，最后选定了舜来治理国家，结果政绩卓著。《周书·立政》记载商汤“克用三宅三俊”的测评标准来选拔人才等②。

人才评价以科学心理学和管理学作为学科基础，20 世纪以来在西方得到了快速发展。近几十年来，各类人才评价工具广泛运用到世界各国企事业的人力资源管理中。与人才评价相关的人员招聘、人员培训、员工绩效考核等人力资源管理模块已发展成为一个比较成熟的产业。尽管我国人才评价开展得相对较晚，但随着积极引入发达国家先进的人才测评工具，以及随着心理学和人力资源管理理论与实践在我国的不断深入与普及，人才评价有了较大的改进，测评范围已拓展到各单位的人才选拔及培训中。

三、人才评价的原理

人才素质的可测性决定了人才素质测评实践的可行性。心理学及管理学相关研究成果提出人才素质测评的两大原理③。

原理一：个体行为表现是指具体环境中心理特质的相对应的表现。

公式为：$B=F(Q,\ E)$

其中，B 表示 Behavior，F 表示 Fashion，Q 表示 Quality，E 表示 Environment。

原理二：虽然不同个体的素质存在明显差异，但当环境和刺激不同时，不同个体采取的应对措施也会出现明显相似的特征，可见个体素质具有相对稳定的特性。

$$Q=\int BdE$$

其中，Q 表示 Quality，$\int$ 表示积分符号，B 表示 Behavior，d 表示 different，E 表示 Environment，dE 表示环境，BdE 表示具体环境下，环境的刺激变量。

---

① 肖鸣政．人员素质测评理论与方法［M］．北京：北京大学出版社，2016：6－10.

② 王俊．中国古代官制［M］．北京：中国商业出版社，2015：12－17.

③ 肖鸣政．人员素质测评［M］．北京：高等教育出版社，2013：68.

原理三：以原理一为前提，结合原理一和原理二可反映出个体素质的复杂性，但同时也表明个体素质的可测性。不管个体素质表象上多么模糊不清，但其通过其表达个体素质测评的可能性和可实施性，展现了个体素质的根本性质可以通过对行为数据的客观测量而显示出来。

四、人才评价指标体系

人才评价指标的设计是人才评价指标体系建设的基础及最重要的环节，指标体系的科学性直接制约着评价的信效度。应本着目的性、科学性、可操作性等原则，根据评价对象专业行业特点制定指标。在评价指标体系中体现相应的品德、知识、能力、业绩等重要的人才指标。

评价指标又称为“素质测评指标”“评价因子”等，是表现人才素质、行为和绩效的基本要素，由一系列有内在联系的素质测评指标组成，其表现出素质测评目标的可操作性。不同类型的评价指标可能存在于同类型行为的信息中，而多种行为的事实信息又可能体现同一种素质特征。评价指标体系设计将测评目标与被选拔的主客体及具体方法结成一个整体，这个整体是测评工作的核心内容。规范评价指标的内容，把较为宽泛的测评内容可操作化，使其变成一种标准体系，这种体系由测评的内容、目的、指标共同构成，其中测评内容是测评过程中针对具体测评对象与对象所处的范围，测评目的指测评时对测评对象及其范围的具体规定，测评指标即对测评目的的再细化。

评价指标体系是按照评价对象所具有的逻辑组成，根据各种等级的测评指标而形成的统一体，它是整体化、密不可分的。它由测评指标、测评权重、测评要求所构成。不同的指标体系根据测评目的的不同，采用不同的构架模式。一般的评价指标体系包括三个层次。最上层也就是第一层通常是目标层，确定本指标体系的总体目标。中间层即第二层是准则层，一般是指标体系的具体目标，是构架指标体系的具体依据。最下层也就是第三层是具体指标层，反映指标体系的具体效果。

五、人才评价方法

随着心理学和人力资源管理的蓬勃发展，涌现出多种定性或定量的人才评价方法和工具，常用的如能力测试、人格与兴趣测验、履历档案分析与背景调查、面试、工作抽样技术、评价中心、心理测试等。有的方法可单独使用，有的则需要综合多种方法，如评价中心则需多种方法综合使用。

这些测评方法针对不同的测评对象，各有优劣势。如心理测验是对一些心理品质的测评，较为抽象，同时会受到被试主观倾向的影响，测评的结果与测评对象的实际行为可能具有差异性。在面试过程中主要根据主试的主观直觉，评定测评对象实际工作能力，而针对相同行为，不同人评定的标准由于主观性的特点也有所不同，而且我们无法评定该测评对象尚未展示出的行为，可见整个测评过程具有不可持续性。

1. 能力测试

不同研究领域对能力测评有不同的理解。职业能力与特定职业领域中的具体职位密切相关。职业能力测评是考查特定行业或领域的个体的主观认知水平，检验该个体是否能够达到岗位绩效目标。关于能力测试方法有很多种分类。如按照不同的研究方法，能力测评方法可以分为定性、定量、混合研究方法。按照主客观分类，能力测评方法又可分为自评和他评。自评是一种基于内部的能力观察，是主观的能力测评方法；他评是一种基于外部的能力观察，是客观的能力测评方法。由于人类的复杂性、目的性和自我组织等特点，能力无法通过传统机械的方法测量。按照能力和绩效不同的目标，能力测评方法又分为两类：其中以绩效考核为目标的能力测评主要是应用于人力资源管理领域，例如，美国的 DACUM、瑞士的 CH－Q 能力管理模型、瑞典的 ICA 能力测评工具、360 度评估绩效考核方法等；以能力培养为目标的能力测评影响最大的是 PISA，PISA 是一种国际性的科学的评价方法，可强化对考生知识面、综合分析、创新素养方面的考查。本研究采用肖鸣政关于能力测试分类方法。包括一般的智力测评，能力倾向测评和学习能力测评①。

（1）智力测评。智力测验最早被用于学生选拔，20 世纪初美国学者在对军队士兵的筛选中首次引用了智力测验，并由此研发出团体测验。此测验以防止由于智力低下以及未达到规定标准的人进入部队，而让高智商的人进入与其相匹配的高技术的军种为根本目的。心理学大师桑代克提出智力可分为具体智力、抽象智力及社会智力。桑代克将具体智力定义为个体对客观世界的认知及对科学规律应用于具体技能的实践能力。抽象智力指个体对文字和数字符号的理解和具体应用能力。社会智力指个体为人处世、与人交往的能力。经过多年的研究，目前心

① 肖鸣政．人员素质测评［M］．北京：高等教育出版社，2012：194－200.

理学界关于智力的结构理论主要有二因素论、多因素论、群因素论等。

（2）能力倾向测评。能力倾向测验是人员素质测评中最常见的测量，能力测试可对个体具体的行为优势及未来发展的可能性做出针对性判断，为岗位选择、人员分配、职业的设计与开发提供了科学依据，具有分析判断及预测功能。能力倾向测评分为潜在能力测评和特殊能力测评。美国劳工部于20世纪40年代研发的普通能力倾向成套测验（GATB）具有较大的影响力，其是对许多职业群同时检查各自不适合者的一种成套测验。除此以外还有文书倾向测验、运动技能倾向测验和机械倾向测验等。

（3）学习能力测评。心理测验在学习能力方面的测评中主要体现为教育测验，主要表现在三种不同层次。一是记忆力，即人脑对以往经历的反映。二是理解力，即个体通过认识不同事物之间的区别与联系，揭示事物的本质与规律的思维活动。三是实践能力，实践能力指运用所学知识和技能对新环境中产生的各类新问题进行综合分析研判的具体行为。从学科理论上来说实践具有感官、操作及思想转换三个层面。知觉水平上的应用方式主要是辨别与归类，思维水平上的应用要求人们重新组织已有的知识概念，包括分析、评价与综合等思维活动，才能解决所遇到的新问题。操作层次上的测评学习能力主要分为三种方式。第一种方式只需要被试机械的套用，也就是直接将现有的理论运用到具体的问题上。第二种方式要求被试正确的运用，也就是在对理论理解的基础上正确地应用知识。第三种方式要求被试灵活运用所学理论发挥个体创造力，对固有知识模式进行创新，从而解决出现的新问题。

2. 气质与态度测试

个人的工作绩效主要通过个人认知水平、动机及为人处世的能力等因素检测。很多跨国公司通过人格测试来测量和预测这些隐性素质，包括惠普、戴尔、摩托罗拉、通用在内的500强都普遍使用各类心理测试方法，以此帮助公司筛选出合适的人员。目前很多机构招聘人员主要根据应聘者是否具有某些资格或经历决定是否被录用，而被解聘的原因往往是因为绩效比较低。而工作绩效一般由个体的胜任特征综合决定，例如，价值观、责任心及性格特点等决定。很多研究表明个体的个性特征确实与工作绩效有显著相关，而一些重要的个性品质如较强的责任感往往预示着个人未来工作的成功。其他一些品质也与特有绩效标准或职业有关，如销售和管理工作的成功都与性格外向有关①。本研究主要涉及气质、态度及价值观测评。

（1）气质测评。气质是个体内心活动与外在行为中所展示出的心理特征的集合，包括心理强度、灵活性、平稳性及灵敏性等心理特征，具体可表述为个体行为中一些与神经过程特性相关联的特征，表现在个体情绪变化与情感产生的快慢程度、向外展现的强度及行为的敏捷性与平稳度方面。气质测评目前主要采取问卷测验法及投射类测试方法。

（2）价值观测评。价值观指个体对客观存在事物的价值体现的评价，其可使个体行为带有个体特有且稳定存在的倾向性。个体对于不同事物的认知有轻重主次之分。这种主次的排列，就构成了一个人的价值体系。价值观及价值体系决定了个体的行为与对待不同事物的方法。在同等情况中，个体的价值观念不同则其所采取的行为与态度也就有所不同。可见价值观对个体甚至整个组织都起着至关重要的作用，是组织向前发展的共同目标和凝聚力，最终将影响组织的经济效益与社会效益。目前价值观的主要类型有斯普兰格六类型、格雷福斯七等级型。目前运用比较多的是阿尔伯特编制的以斯普兰格六类型理论为基础的价值观研究量表。

（3）态度测评。态度指个体对不同类型的人、事、物及思想的相对稳定的行为倾向组合，其具体操作可定义为个体对于一组客观事物而产生的具有相同特性的反应倾向。态度包括三个层次的表现形式。首先是认知层面，指个体对外界事物的具体认识和整体思考，认知层面中个体的思考倾向最为重要。其次情感层面，指个体对于不同事物的主观评价，即个人感受程度。最后是行为倾向层面，指个体对事物产生的可见的行为倾向。态度的测评目前最常用的是问卷测验，主要包括赛斯顿态度量表、李克特量表、戈特曼量表等。

3. 履历分析和背景调查

过去的履历是应聘者工作绩效的具体表现，且能很好地预测其未来的工作绩效，大多数机构会设法对被试的履历和推荐信进行核查和确认，目前是企事业单位最重要的人才评价方法。在一份对 700 多名人力资源经理的调查中发现，87%的人力资源经理对应聘者进行过背景确认，69%的人力资源经理对应聘者进行过

① Murray，Barrick，et al. Personality and job performance：Test of the immediate effects of motivation among sales representatives［J］. Journal of Applied Psychology，1987（1）：202.

就业背景核查，35%的人力资源经理对应聘者进行过信用调查①。背景调查有多种形式，大多数机构至少会打电话向申请者过去的机构询问其职位和薪酬，个人工作能力和态度以及离职的原因，以进一步了解其个人品质、求职动机、工作技能及社会交往组织协调等各方面特质。

履历分析通过对被测个体的履历来分析其以往的工作表现，预测该个体将来的工作表现。由于测试者履历通常会列举其以往的工作经历，并且留有其工作地点、时间以及所在职位的具体情况的介绍。由此按照所展现的工作事实，可对被测者的成长经历及工作能力进行分析，从而了解此人的工作能力和性格特点。在实际测评过程中，往往初审环节会采用履历分析的方式，通过这种方式不仅能够马上去除部分明显不符标准的应聘者，而且还能根据工作岗位的具体要求，将被测者简历所展示的经验和成果进行大致的分析，将其各种得分汇总后作为筛选、培养、运用的参考依据。履历分析法利弊均有，利是其操作方便、成本低且易于评价，但很多履历中也常常出现伪装现象，应聘者为了包装自己，往往部分情况的填写与实际情况不符，玩文字游戏，造成通过分析履历而得出的最终结论与实际情况出现较大差异的情况发生。

4. 面试

面试是在日常生活中最为常见的测评手段，是人员招聘中使用最广泛也是必不可少的工具。主要指在一定的时间内，于具体环境中同被测者展开具有明确目的的沟通，通过事先制定好的谈话程序，采取双向交流的方式，使测试者与被测者进行当面沟通与观察，使其能够正确把握被测者的能力与素质，进一步作为决定录用或选拔人才的测评技术。

目前在企事业单位存在非常繁多的面试内容，概括起来主要由结构化面试、半结构化面试、非结构化面试组成。结构化面试是指在面试过程中，从头到尾使用已有具体答案的问题对应聘者提问，相应问答的程序也有严格规定。非结构化面试指面试过程中未给出规定的程序及具体问题和答案，在此过程中，测试者的提问与沟通可根据应聘者情况的不同而有所改变，可见此面试方式对应聘者有着很高的素质要求。半结构化面试介于结构化面试与非结构化面试之间，其既有一定程度的问题设计，也相对灵活。根据面试的内容分为评价面试和离职面试。根

① 加里德斯勒，曾湘泉．人力资源管理（第10版）［M］．北京：中国人民大学出版社，2007：186.

据面试的基本类型可分为逐步面试、综合操作式面试、压力面试、结构式面试、依序面试、半结构式面试、小组面试等。

5. 工作抽样技术

工作抽样技术是指通过安排应聘者完成拟聘用岗位一些实际工作来测评其各方面素质的测试方法。其背后所遵守的原则是从母体抽取的样本所具有的性质与母体相似。其测量的是应聘者在实践中如何完成一些基础的工作任务。目前的研究中将工作取样法分为四种类型：一是行为操作型，是工作取样法中最成功的形式。二是工作相关信息型，常用于测评担任某种工作的人所拥有的信息量。三是小组讨论型，即多个员工被分在一组，并对一个主题进行讨论。四是情境模拟型，被试需要做此岗位的实际工作。

这一技术有如下几个优点：由于其测量的是实际的任务，因而被试难以弄虚作假。工作样本与所测试的工作越接近，测试就越有效果。如果设计合理，工作抽样测试能比其他绩效测试的效度更高。基本程序如下：一是确定完成工作的目的，也就是所需的关键任务；二是根据目的要求确定采取哪些具体项目，包括决定评价的内容、要求达到的要求以及工作质量和数量要求，实施之前必须选择好适合于观测项目的各种具体工作地点、确定容易实施改进、容易得出结论的观测项目；三是获得观测对象的配合，使其对观测的目的与方法有大致的了解，配合观测工作；四是认真做好记录，对于测试项目相关的事情均需记录；五是对观测的结果进行系统整理，做成图表供分析；六是根据观测目的确定作业的实践能力与作业标准的改进程度，这是一项总结性、创新性的工作，是在研究分析观测结果上进行的。

6. 评价中心技术

20 世纪 30 年代初德国心理学家应政府要求，建立了一套先进的多项评价程序用于筛选军官，实践证明经这些技术选拔的军官在未来战斗的表现明显优于其他的测评方法，使得评价中心技术名声大起，并得到了广泛推广。至今已被西方很多政府、学校和工商业企业广泛运用，据统计世界 500 强企业中，近 80% 的企业在人员招聘和员工职务晋升中使用评价中心技术①。

评价中心（Management assessment center）是测定应聘群体中每个应聘者在

---

① Mayes, Bronston T. Insights into the history and future of assessment centers: An interview with Dr ［M］ //Douglas W. Bray and Dr. William byham ［J］. Journal of Social Behavior & Personality, 1997 (12): 5.

多种具体情景事件（Exercises）中表现出的行为特征的测评程序①。肖鸣政教授将评价中心定义为以测评具体素质为中心的一组标准化的评价程序。此程序包括多个主考官采取多种测评方法对应聘者进行测评②。

评价中心第一个特点就是通过实际具体情景的模拟来观察测评对象的客观行为，被测对象在测评专家的观察下完成真实的任务，这些模拟任务包括撰写项目报告、现场演讲、处理公文、处理现场问题等。这些情境模拟给测评专家提供了观察测评对象如何与他人相处、如何分析问题与解决问题等复杂行为的机会，专家们根据测评对象的表现评估其各方面的潜力。评价中心主要有两方面的作用：一是用于筛选人员，着重挑选各特征能胜任待聘岗位的应聘人员；二是用于员工的职业生涯规划，着重考察员工在各方面所具有的优势与不足，并针对问题进行培训。第二个特点是评价中心技术兼并了其他多种测评技术手段。例如，问卷调查、心理测验、心理投射、面试、深度访谈、履历分析、压力测试、无领导小组讨论、公文处理等测评技术，通常选取其中多种综合实施而并非选择其中某一个，取各种测评技术的优势，而不独立使用。被测对象在这些测评形式中行为反应的多样性与广泛性，大大提高评价中心测评的信效度，很多的研究发现其预测效度系数常在0.6以上。第三个特点是具有动态性。被测对象处于评价中心技术的测试程序中，被测评专家安排的各种任务激发其各方面的能力及个性，以展现其各项素质潜能，使测评专家对其有一个真实、全面的把握，真正体现了在过程中测评素质的特点。第四个特点是标准化。与行为观察、面试相比，评价中心每个活动均按照规定的测评需要所设计，测评的内容需要通过工作分析来确定，更具有标准化的特点。第五个特点是全面性。测评对象经评价中心技术测评后的结果，不是某个测评专家单独决定，更不是仅仅通过一种测评方法，是综合多种测评活动，由多个测评专家一同决定。测评内容涉及知识、能力、个性等多方面特质。第六个特点是行为性。测评中要求被试者展现的是行为，主试者测评的主要依据也是个体的行为数据。各种评价中心技术被使用频率见表2-2③。

① Robert D，Hubert S. Gatewood and Hubert S. Field. Human resource selection［M］. Harcourt College Publishers，2001：648-666.

② 肖鸣政．人员素质测评［M］．北京：高等教育出版社，2012：243-262.

③ 萧鸣政．人员素质测评理论与方法［M］．北京：北京大学出版社，2011：141.

表 2－2　各种评价中心技术被使用频率

复杂程度	评价中心技术	运用频率（%）
更复杂	管理游戏	25
↑	公文处理	81
	角色扮演	无调查
	有角色小组讨论	44
	无领导小组讨论	59
	演讲	46
	案例分析	73
↓	事实判断	38
更简单	面谈	47

评价中心的主要目的是对测评对象的各项潜力进行综合评价，预测测评对象的未来工作绩效和长期的发展潜质。若测评对象未来有很好的工作绩效或展现出非常好的发展潜质，则说明评价中心技术具有非常高的信效度。AT&T 经过十多年的长期跟踪研究发现经评价中心技术选拔的一线员工，经过近十年的发展成长为中层领导职务的比例明显高于仅通过其他测评技术选拔的一线员工，评价中心技术评分较低的被测对象十多年后大多没有得到提升。大量研究发现，评价中心的评分值与工作绩效间的相关系数高于 0.3，并呈显著性差异，而且与职业晋升的相关系数也明显高于 0.3①。由此可见评价中心技术具有较高的信效度，值得广泛运用。

① Barbara B，Gaugler，Douglas B，et al. Meta－analysis of assessment center validity［J］. Journal of Applied Psychology，1987（72）：493－511.

第三章　研究述评

第一节　智库专家相关研究

一、智库的界定

建立智库专家评价指标体系要解决的第一个重点是智库专家的界定问题，而界定智库专家，首先要明确智库的定义。关于智库的定义，目前理论界和实践界尚无统一的界定，不同的学者对智库的概念具有不同的理解和定义。现代智库概念起源于20世纪的“二战”期间，指称当时美军制定作战计划和讨论战略的保密室（Think Box）。“二战”后，智库开始被用于美军军工企业中的研究与发展部门，如成立于1948年的兰德公司（Rand Corporation）。20世纪60年代，智库逐渐成为西方政治生活中极为广泛的概念，涵盖范围包含从事战略问题、国际关系、政治、军事、经济、社会问题研究的诸多机构。

目前智库比较有代表性的定义有以下几种：1971年保罗·迪克逊（Paul Dickson）出版了第一本系统介绍美国智库的著作《智库》，作者在书中将智库定义为稳定的、独立于政府的政策研究和咨询机构，认为智库的研究人员应保持独立不受各方面干涉的观点，用科学严谨的方法，对范围甚广的政策问题进行跨学科的研究。以沟通知识和权力之间的关系，架设科学技术和政府决策间的桥梁为其最大目标[①]；著名智库学者安德鲁·里奇（Andrew Rich）将智库视为一个不以利益为前提的、独立的、非营利性质的机构，依靠智库研究人员及其政策观点获得支持，以期影响公共政策。在运营上，智库属于非营利性质的机构，开展和发布有关公共政策议题的相关研究；在政治上，智库是激进的机构，最大程度地寻求公共信任并影响政策制定过程[②]。唐纳德·阿贝尔森（Donald E. Abelson）认为智库是以影响公共政策的制定及公共舆论走向为首要目标的非营利、无党派的政策研究机构[③]；威廉·多姆霍夫（William Domhoff）等认为，智库是为大企业大机构的经济、政治利益服务的组织。因美国智库的资金多来自资金集团的捐款，而且董事会成员多是大企业高管，很多重要职位也多由离任高官担任，因而其研究成果也必然会反映这些精英人物的意见[④]。日本综合开发机构（NIRA）从作用的视角出发，将智库定位为民主社会中一个主要政策角色，智库是政策制定者们为确保政策的多样化、开放性和政策分析、研究、决策和评估过程的可信赖性，用知识和智力为基础而构建的软基础设施[⑤]。两办《意见》将中国特色新型智库清晰地界定为以战略问题和公共政策为主要研究对象、以服务党和政府科学民主依法决策为宗旨的非营利性研究咨询机构。

分析中外学者、组织对智库概念的定义，其核心特征主要有三点：一是独立性。智库是独立于政府决策机构的政策研究和咨询机构，秉持科学及独立的观点。任何一个智库的声名都与其独立性呈正相关，独立性既包括该研究机构本身的独立性，也包括研究者的独立性，同时也包括智库的研究不受资助方影响，这也是智库和其他游说团体间的区别。二是非营利性。智库在经营运作上属于美国国内税法 501（C）条款规定的非营利性组织，这并不是说智库在运营过程中不产生利润，而是智库在其创立之初就不是以获取利润为目的。现在，在美国如卡耐基国际和平基金会、布鲁斯金学会、兰德公司等绝大多数智库都符合 501（C）

---

① Paul Dickson. Think tanks［M］. New York：Athenaeum，1971：26 – 35.

② Andrew Rich. Think tanks and the politics of expertise［M］. New York：Cambridge University Press，2004：11.

③ Donald，Abelson. American think tanks and their role in U. SForeign policy［M］. MacMillan Press，1996：21.

④ William Domhoff. The power elite and the state：How policy is made in American［M］. New York：Athenaeum，1990：11.

⑤ National Institute Research Advancement. NIRA's world directory of think tanks［M］. New York：Athenaeum，1995.

条款的要求享受税收优惠。三是现实性。尽管智库专家多以实证的研究方法从事战略问题及公共政策研究，但和其他科学研究不同，智库的研究以经世致用、咨政启民为核心目的，并把联系知识和权力间的纽带，架设起科技和政策决策间的桥梁为最大目标①。

综上所述，本文将智库界定为以战略问题和公共政策为研究对象、以影响权力决策和大众舆论为目标、提供决策方案和对策建议等智力产品的非营利性机构。

二、智库专家的界定

一个智库的总体水平，依赖于其研究者的知识、经验、能力、个性等各方面素质的综合表现。智库专家决定了知识的生产以及知识成果的转化，对智库的发展起到了决定性的作用。具有极高国际知名度的智库往往能汇聚高素质的智库专家，世界顶尖的布鲁金斯学会长期以来吸引和聘用了国际上一流的智库专家，目前学会智库专家人数超过 200 人，其中高级智库专家近百人。这些智库专家来自各行各业，包括全职和兼职，有着强大的学术背景，在学界和政界拥有较大的影响力，使学会被称为“没有学生的大学”。另外，布鲁金斯学会不少智库专家曾在政府部门和大型企业任要职，被称作“学术实践者”。这些智库专家的研究能力和国际声望是学会研究成果能持续发展、保持高质量、权威性的核心保障。

欧洲对外关系委员会中过半成员具有政府或国际组织的背景，并且多数是来自各国政府和欧盟机构的高级官员。各个项目的研究聚集了一批在对外政策研究领域的权威专家，这些极具政府工作经验的卸任高级官员是智库或基金会成功的关键。

斯德哥尔摩国际和平研究所所长在 2008 年接受环球时报采访时说：“他们共有 30 多名研究人员，其中，瑞典人不到 10 名，其他都是来自全球各地的外籍人士。智库专家的国际化是研究所取得成功的核心，智库专家的国际化程度保证了研究工作是站在全球高度，同时在客观分析的基础上独立开展的。”

目前美国智库机构的职位主要包括三类。一是智库机构的高级管理人员，既要从事研究工作，也要从事管理工作，高级管理人员需要具备高超的政治智慧和敏锐的政策把握能力、智库经营管理能力，同时还要有高超的沟通能力、开阔的

---

① Paul，Dickson. Think tanks［M］. New York：Athenaeum，1971：28.

国际视野、敏感的客户意识和良好的服务观念。二是从事战略及公共政策研究的科研人员。这些科研人员需具备扎实的政策理论知识、深厚的学科背景、熟练的研究方法、流利的外语能力等。三是行政辅助人员，辅助智库专家进行政策研究工作。研究员承担了智库的大部分工作，研究人员与行政辅助人员的相辅相成可以提高工作效率。如兰德公司的工作经验就是“两个专家不如一个专家加上半个秘书”，布鲁金斯学会专职研究员与行政辅助人员的配置是1:2的比例①。

对于智库研究人员的定义，无论学界还是智库实践部门，均无统一认可的标准，与之相近的概念有智囊、外脑、智库人才、智库专家、智库思想家、智库学者、智库政策专家、政策实业家、智库政策分析师、智库科研人员、智库研究人员等。本研究中将以上概念统称为“智库专家”。

凡圣帝明君，能臣良将无不重视智囊。西方国家诸如古希腊亚历山大身边的著名学者亚里士多德等谋士都可看作是最初形态的智库人才。我国古代对辅助决策的智囊曾有过多种叫法，如门客、军师、策士、谋士、幕僚等，大抵属于“士”的阶层，比如贾谊、晁错、康有为等。他们为国或组织献计献策，留下了大量专著、策论，堪称古代经典的“智库报告”。战国时齐国有开发式的智库稷下学宫，平原君赵胜号称有食客三千，其中多为各类人才，虽其有虚好乏用之嫌，但也可谓不小的智库。

国外研究者的定义。自Dror1967年在《公共行政评论》杂志上发表《智库专家：一个政府部门中新的职业性角色》一文以来，智库专家被广泛地用来指称那些以政策研究为职业的学者或实践者。Weimer将政策分析师定义为在政府制定政策过程中，针对特定的政策议题，进行预测性分析、回溯性分析以及评价分析，并提出政策意见的人，这些建议以客户为导向且与公共政策密切相关②。Fischer认为，从工作上智库专家相对其他科研人员主要有三大特点。首先，智库专家在研究方法上以定量分析为主，主要通过逻辑推理以及定量分析的方法寻求公共政策以及社会问题的合理方案。其次，在研究思路上，智库专家以建立因果关系和发现解决问题为导向。最后，在方法上，力求通过实证方法来获取解决政策问题的方案，以客观指标和变量来分析政策问题，同时避免一些主观性、情感

---

① 中国社会科学院青年人文社会科学研究中心．美国思想库的运行机制及其启示［N］．科学时报，2003－07－28.

② Weimer. Policy analysis，prentice－hall［M］. New Jersy，1992：18.

性的判断，只有通过客观的实证研究得出的智库研究结果才是可靠的[①]。

国内研究者的定义。如金芳等将智库专家定义为能够为政府决策提供专业咨询服务，为决策科学化、民主化做出独特贡献，从而发挥社会“罗盘”的作用的人才，智库人才特有的特征是实践能力、创新能力及较强的国际交流能力，同时将智库专家分为五类：一是有方法论的工具人才，二是着眼于小问题的人才，三是有偏创见的人才，四是具有团队协作精神的人才，五是注重行动成效的人才[②]。刘益东认为一流智库专家是在各种重大问题及对策研究领域做出突破性贡献的专家学者，是国际上在细分研究领域前沿做得或曾经做得最好的专家、学者[③]；王莉丽认为智库专家主要指政策研究专家，政策专家主要是生产理念的，提供智库和政策方面的可供选择的方案。西方智库的研究团队主要由学者、前任政府官员、媒体和商界精英共同组成，这种多元化的人员构成保证了思想研究和政治实践间转换的可能性。但无论智库研究人才如何多元化，政策专家始终是思想创新的核心人物[④]。何鉴孜将智库专家定义为从事政策问题研究、为政策制定提供支持的专业研究人员，在政府的政策制定过程中发挥着重要的咨询作用，他们根据政策制定者或客户的订单要求，运用客观的实证研究方法调研实际存在的问题，获取并用科学的研究方法处理相关信息，独立不受干扰地来分析问题的解决方案，供政策制定者和客户参考[⑤]。河南省社科学院王宏源认为，智库人才是能产生出符合社会发展趋势的新思想、新观点、新理论和新知识的人才，一般包括研究人才和管理人才，既包括理论功底扎实、熟悉国情域情、具有理论创新能力的理论家和骨干人才，也包括年富力强、政治和业务素质好、锐意进取的青年理论骨干和科研管理人才等[⑥]。清华大学朱旭峰教授认为，智库专家是阐释党的理论、解读公共政策、提供决策咨询、研判社会舆情、引导社会热点、疏导公众情绪的重要力量。

---

① Frank Fischer. Democracy and Expertise: Reorienting policy inquiry [M]. Oxford: Oxford University Press, 2009: 40.

② 金芳，孙震海等. 西方学者论智库 [M]. 上海：上海社会科学院出版社，2010：58－59.

③ 刘益东. 如何甄选一流的智库专家 [M]. 北京：社会科学文献出版社，2016：1.

④ 王莉丽. 智力资本——中国智库核心竞争力 [M]. 北京：中国人民大学出版社，2015：197.

⑤ 何鉴孜，李亚. 从“裁决者”到“协调者”冲突解决视角下政策分析师的角色变迁 [J]. 社会科学管理与评论，2014（8）：5－11.

⑥ 王宏源. 创新地方社科院新智库人才队伍建设的思考 [J]. 社会科学管理与评论，2012（1）：58－63.

本研究界定的智库“专家”，非精英之意，是指智库机构的专职或兼职的分析研究人员。概括而言，本文将智库专家定义为以战略问题和公共政策为研究对象、以影响权力决策和大众舆论为目标，提供决策方案和对策建议等智力产品的专兼职分析研究人员。

目前国内对智库专家的研究主要集中于组织因素和政策属性因素。比如探讨政策属性差异与专家参与模式之间的关系，研究了智库成果的技术可能性问题对国内智库专家发挥影响力的成功与失败①。从体制内外智库专家的区分和政策影响力高低的维度对智库专家参与模式进行了分类②。经文献调研发现，目前聚焦于专家个体特质层面的研究相对较少③。

三、智库专家的分类

国外智库专家的分类。美国智库专家具有多学科背景、多研究方向，以保证不同学科背景研究方向的智库专家进行研究时，能够发挥出各自所长，从而得到最高质量的智库研究成果。根据级别不同，美国智库将研究人员主要分为三类：高级研究员（senior fellow）、研究员（research associate）和助理研究员（research assistant）。如布鲁金斯学会将研究人员分为资深学者、研究学者、访问学者。

布鲁金斯学会的智库专家近400名，智库专家主要分为常驻研究人员和流动研究人员两大类，具体分类如表3－1所示④。这400名智库专家只负责进行政策研究性工作，涉及资金运营、媒体宣传等工作则由相关部门的专业辅助人员实施。这样的人才配置，保证智库人才都能从事自己所擅长领域的工作，将特长发挥到极致，实现术业有专攻，保证布鲁金斯学会的研究成果质量广受认可。

表3－1 布鲁金斯学会智库专家分类

	专家类别	机构分类
常驻研究员	杰出研究员	对外政策研究所
	荣誉研究员	经济研究所
	高级研究员	城市研究所

① 朱旭峰．中国社会政策变迁中的专家参与模式研究［J］．社会学研究，2011（2）：1－27.

② 张云昊．中国学术研究向政策转化的主要模式［J］．北京行政学院学报，2010（6）：25－31.

③ 朱旭峰．构建中国特色新型智库研究的理论框架［J］．中国行政管理，2014（5）：29－33.

④ 张辉菲，刘佐菁等．关于我国智库人才创新管理与培养的研究［J］．科技管理研究，2018（4）：140－145.

续表

	专家类别	机构分类
常驻研究员	研究员	全球经济与发展研究所
	副研究员	政府政策研究所
	博士后研究员	
流动研究员	客座高级研究员	
	客座研究员	
	访问学者	

兰德公司由来自多个国家的员工构成，一半以上的员工拥有博士学历。智库专家涉及的专业有政治科学、国际关系、经济学、行为科学、法律和商务、工程学、数学运算研究与统计、社会科学、政策分析、生命科学、物理学、艺术类、计算机等学科。智库专家通过各种研究机会进行多学科知识的相互碰撞，在原有的知识背景上拓宽自己的知识积累，以更快的速度进入新的研究领域，促使他们所研究的项目能够得到更加全面的研究与分析。总之，兰德公司复合学科的智库专家是其位列全球知名智库前列的重要原因。

胡佛研究所的智库专家的分类和布鲁金斯类似，分为常驻研究员、流动访问学者。具体分类情况如表 3－2 所示。同时胡佛研究所针对不同专家采用不同的聘任方式，高级学者签订无限期合同，以稳定留住各领域资深智库专家；高级研究员则采用具体项目合作的形式聘任，这样可以为具体的政策研究项目配置最专业的智库专家，保证项目配备最合适的智库专家进行研究。

表 3－2　胡佛研究所智库专家分类

	专家类别	备注
常驻研究员	高级学者	享有高知名度，影响力大的资深学者，研究所无限期聘用
	高级研究员	研究所根据项目开展需要及资金情况进行聘用，具有固定的期限，合同期限结束后双方重新考虑是否续约
流动访问学者	杰出访问学者	不属于正式员工，具有一定时间的访问期限，访问期间主要以研究为主，并取得一定的研究成果
	一般访问学者	不属于正式员工，只是纯粹地进行访问、讲座和研究
	特殊研究员	（国家研究员、国家安全事务研究员、媒体研究员）访问项目是针对特定需求而设立的

资料来源：陈英霞，刘昊．美国一流高校智库人员配置与管理模式研究［J］．比较教育研究，2014(2)：66－71.

国内智库专家的分类。根据智库属性不同，谢明将智库专家归纳为如下几种：一是对政策相关问题感兴趣的高校研究者，他们是从事独立的研究，并通过竞争以得到有关机构给予的基金支持的智库的职业研究人员。二是在政府极其代理机构内部负责研究工作和情报工作的研究人员。三是压力集团和院外活动集团政策分析人员。四是党内政策部门的研究人员。五是自由职业的政策分析人员①。

根据智库属性不同，谢明将国内新型智库的研究专家归纳为六类。第一类是党内的政策研究部门，为维持正常政策制定活动而从事政策研究和开发的机构、部门或团体，如各级政策研究室、发展研究中心的政策研究者；第二类是从事政策研究的高校科研人员，主要是个人或团队对某个政策领域或问题进行研究，通常能获得各级的基金资助，如高校从事国际宏观经济、政治、政府管理、社会综合治理等专业的科研人员；第三类是独立研究机构和智库的职业研究人员，这类机构包括如各级党校、社科院、独立法人的智库机构；第四类是在政府、政府代理机构和公共团体内部负责研究工作和情报工作的分析人员；第五类是压力集团和院外活动集团政策研究人员，这些利益集团对政策实施监控和提出各种政策主张及建议以寻求对政策制定施加影响；第六类是自由职业的政策研究人员，根据客户订单的需求从事具体政策领域的研究②。

根据智库的人才结构，中国科协黄园浙将智库专家分为两类。首先是高级智囊型人才，这类人才主要由卸任的政府高官和在业界具有较大知名度的学者组成，他们是政府的座上宾，其政策意见能直达决策层，有非常大的影响力；其次是独立研究型人才，这类研究人才需要有独立的人格和自由的思想，不受委托方的干扰，开展独立研究。目前我国智库急缺这类独立型的人才。

根据是否有实践工作经验，社科院学者房宁将智库研究专家分为三大类。第一类是从事政策实践工作的群体，如西方的一些著名智库长期聘请从事政府工作、具有实践经验的政客；第二类是以专业研究人员为主体的高校或研究机构；第三类则由兼具实践经验和理论研究的群体构成③。

根据不同隶属，詹姆斯·麦甘（James G. McGann）根据经费来源区分智库的独立性，将智库分为自治智库、独立智库、政党附属型智库、半独立型智库、

①②威廉·N. 邓恩. 公共政策分析导论（第二版）［M］. 谢明等译. 北京：中国人民大学出版社，2002.

③ 房宁. 我们需要什么样的智库学者［N］. 光明日报，2015-12-30（12）.

半官方智库和大学附属智库6大类[①]。Josef Braml 根据政治派别和意识形态，将智库分为不能确认其政治派别和意识形态的智库、可以分辨其政治派别和意识形态的智库。中办《意见》将中国智库分为五大类：社科院和党校行政学院智库、高校智库、科技创新智库和企业智库、社会智库、中央和国家机关所属政策研究机构。若根据中办《意见》对智库的分类标准，可将国内智库专家分为社科院和党校行政学院智库专家、社会智库专家、高校智库专家、科技创新智库、企业智库专家、中央和国家机关所属智库专家。

根据来源背景不同，南京大学关琳博士将智库治理专家分为三类。第一类是商业精英。商业精英大多在各大公司、银行、基金会以及投资公司任主席、董事等职务，还有相当一部分是公司的创始人或合伙人。第二类是政治精英。指那些有政界和军界背景，身份常是政府前高官，也包括国会山游说者和各类竞选团队的成员，通过运用专业知识和政界关系来影响政策制定。第三类是文化精英。包括来自媒体行业的高层人士，也包括高校中的政策研究专家。从行业来看，高校和媒体是智库中文化精英的两个重要的来源地。它们的一个共同特征是具有较强的公信力，通过著书立说或在媒体发表言论等方式维持曝光度[②]。

根据专业领域不同，山东省人才工作领导小组办公室将智库专家分为党的建设领域、政治建设领域、经济建设领域，文化建设领域、社会建设领域和生态文明建设领域6类，共遴选出首批183名智库高端人才；另外将级别分为首席专家、岗位专家、一般入库专家3级[③]。

根据层次不同，贵州省社科联将智库专家分为智库首席专家、智库高级专家和智库专家3个类别。智库首席专家是指在国内外某领域或学科具有很大影响，研究成果达到国际国内先进水平或工作业绩特别突出，业内认可度很高的高层次领军人才，或对经济社会发展具有巨大贡献的高级管理人才。智库高级专家是指在省内外某领域或学科具有较大影响，研究成果达到省内外领先水平或工作业绩突出，业内认可度较高的学术、技术或管理带头人，或对经济社会发展具有较大贡献的高级管理人才和民间顶级高人。智库专家是指在省内外某领域或学科具有一定影响，有关学科和技术领域起骨干作用的科学技术人才，或对经济社会发展

① James G M. Think Tanks and the transnationalization of foreign policy [J]. Foreign Policy Agenda, 2002, 7 (3): 13-18.

② 关琳. 美国智库董事会及其社会网络研究 [D]. 南京：南京大学，2016：118-125.

③ 《关于加快智库高端人才队伍建设的实施意见》（鲁组发〔2015〕63号）。

有一定贡献的管理人才、农村实用人才、企业高级管理人才和民间特殊人才。

结合国内外相关分类标准及中国国情，本研究采用南京大学中国智库研究与评价中心的分类标准，将我国智库专家分为 9 大类型：高校智库专家、党政部门智库专家、党校行政学院智库专家、社科院智库专家、科研院所智库专家、社会智库专家、企业智库专家、军队智库专家和传媒智库专家。本研究将探讨智库专家的一般胜任力指标，即从事智库研究工作所需具备的通用胜任力，对于各大类智库专家的专业胜任力指标，有待未来研究者继续探讨。

四、智库专家的入选标准

在两办意见颁布后，全国各地陆续颁布智库专家入选办法。如湖南省科技厅在官网发布其省内科技智库专家入选五大要求，包含如下：一是政治素质好，自觉坚持党的领导，坚持走中国特色社会主义道路；二是具有良好的科学道德和职业操守，学风严谨，办事公正，坚持原则，责任心强；三是具有副高以上专业技术职务，或在本专业（行业）有较深的造诣，具有一定的知名度和权威性，熟悉本专业（行业）的国内外现状和进展；四是热心决策咨询工作，有意愿、有能力承担我厅组织的咨询、评价、评估等活动，能够提供独立、公平、公正的判断和评价，有为党委政府提供决策咨询服务并获肯定性批示的优先；五是身体健康，年龄一般在 60 岁以下，特别优秀的，可以适当放宽至 65 岁①。河南省科协制定了智库专家入选的五个标准：一是政治素质好，自觉坚持党的领导，坚持走中国特色社会主义道路，具有良好的职业道德，较强的事业心和责任心；二是学风优良，治学严谨，学术造诣精深，具有副高以上专业技术职务，在相关研究工作领域业绩突出，得到同行广泛认可；三是视野开阔，思维敏捷，了解国家和我省科技政策，政策敏感性和判断力强；四是密切关注我省经济社会发展中的战略性、前瞻性问题，具有科学系统地分析、研究和解决实际问题的能力；五是身心健康，热心决策咨询工作，有能力承担省科协组织的咨询、评估、评审等相关任务②。大连市政府专家对智库专家的要求是：须具有副高级以上专业技术职称或获得相应的资格认证，在相关领域有较高的学术影响力和权威，或在宏观经济研究和综合管理方面有较深造诣。入库专家本着志愿加入、无偿服务的原则，热心

① http：//www. hnst. gov. cn/xxgk/tzgg/tzgg/201608/t20160817_ 3175962. html.

② http：//kjc. zzti. edu. cn/info/1050/1686. htm.

政府决策咨询，做到有时间开展工作、有能力完成任务、有奉献精神服务。贵州省社科联对智库专家入选的基本条件：一是坚持正确的政治方向。热爱祖国，遵纪守法，德才兼备，具有高度的社会责任感。二是具有较高专业水平和研究能力。专业技术岗位在职人选应担任正高以上专业技术职务或者相当于正高专业技术职务的领导、专家、企业家及民间高人。三是具有正常履行职责的身体条件。在职人选年龄一般不超过60周岁，离职、退休人选年龄一般不超过70周岁。中国管理科学研究院城市发展战略研究所在其官网列出智库专家库评选细则（见附录C）。

总的来看，总结目前国内对智库专家入选的基本标准有以下三个方面：在政治上要求道路正确；在业务上多要求具有副高及以上职称；在专业上有一定经验和建树（具备一定的研究成果）。

五、智库专家与一般科研人员的区别

智库专家与科研人员有很多相同之处，但也有很多区别。智库专家与高校、科研机构的一般科研人员的区别主要是由各自功能定位和属性决定的。在很多情况下，智库选拔研究人员的标准和高校、科研机构背道而驰[①]。智库更偏重能熟练运用专业理论、洞察社会需求、善于将成果宣传出去的人才。如查塔姆研究所有专门负责外部需求搜集和政策建议宣传工作的智库专家；胡佛研究所也在世界各地设立联络处，有专门负责联系及宣传工作的智库专家[②]。

高校、科研机构主要功能是理论及科技创新、教书育人，其科研人员主要从事科学研究[③]。科研人员以传承文明为主要功能、以研究“知识”为导向、以基础性理论研究为主要研究对象，其目的是发现问题背后的规律。

智库的主要功能是沟通高校、研究机构与政府之间的桥梁，将专业难懂的理论问题转化为明确易懂的政策问题并提供解决方案。智库专家具有科学研究的属性，但主要做实用性工作，以架构科学知识和政府决策间的桥梁，沟通知识和权力间的关系为主要目标，有更强的现实研究意识和多元知识背景，以研究实际问

① Kent, Weaver. The changing world of think tank [J]. Political Science and Politics, 1989 (3): 563 - 578.

② 孔媛，李宏. 从知识资本增值路径分析我国智库转型发展方向 [J]. 智库理论与实践，2017 (1): 16 - 22.

③ 胡瑞卿. 科技人才创新能力的模糊综合评价 [J]. 科技管理研究，2007 (6): 159 - 162.

题为导向，目的是解决政府、社会和组织建设发展中存在的各类实际问题。

智库专家将战略问题和公共政策作为研究的重点，关心的是如何影响决策和大众舆论，而学术型的学者更倾向于探究这个世界的规律①。因而智库专家的胜任力不同于一般科研人员的胜任力，具有其独特性。因此我们不能把大学、科研机构的研究人员与智库专家等同起来，更不能用高校及科研机构的考核指标体系来评价智库专家。

六、智库专家与政策人才的区别

政策人才主要指政策研究者和政策实践者，政策研究者主要工作包括对政策文本、政策理论及与政策本身相关的基础性研究，而政策实践者则从事设定政策议程、界定政策问题及立法倡导及改革等纵向和横向的活动。智库专家需要在严谨科学的研究基础上首先要界定政策问题，然后针对现实问题提出解决方案。智库专家提出的政策咨询方案不一定贯穿整个政策形成过程，可以是概念层面的贡献，也可能是法律、法规、政策的倡导。

当然，智库人才所具备的能力不仅是政策领域，由于智库研究的问题涉及各个领域，如政治、军事、外交、民生、教育等，因此智库专家不但需要具备一定的政策分析能力还需具备相关专业领域的知识技能。

第二节　人才评价相关研究

一、科研人员人才评价指标研究

由于智库专家具备科研人员的研究特性，因此科研人员的人才评价指标对智库专家评价也具备一定的指导意义。

英国在人文学科科研人员评估体系中规定，除了科研评估外，另有子指标体系分别考察科研人员在学术性团体中的参与情况和在政策制定中所发挥的影响。其中，主要以科研成果对政策的影响程度，在政策制定过程中科研人员所扮演的

① 王丽莉．智力资本——中国智库核心竞争力［M］．北京：中国人民大学出版社，2015：39.

角色两方面作为科研人员在政策决策中所起作用的评估准则。

科研人员实证方面的研究。孙瑞华等研究人员用德尔菲法构建了医院科研人员的评价指标体系，这套评价指标体系由科研能力基础和科研工作绩效两个维度构成，具体指标包括学历背景、工作年限、职称、职务、学会任职情况、学会评委、科研成果、专利发明、学术奖励情况、发布课题、论文论著、学生培养在内等，并将这些指标应用于医院科研人员的员工招聘、内部培训以及绩效考核，取得了很好的效果①。贾建锋等构建了知识型员工胜任力评价指标体系，该指标体系包括知识与技术、职位行为和基本行为三个维度②。王峥等通过实证研究，将科研项目负责人胜任特征概括为领导性、管理性、研究性三大维度，其中领导性胜任特征的二级指标包括个人修养、控制力和沟通能力，研究性胜任特征的二级指标包含科学精神、卓越观念和前沿意识，管理性胜任特征包含规范化管理和系统评估能力。后续的研究也发现项目负责人的胜任力能较好地预测其未来的领导有效性，同时领导魅力在胜任力和领导有效性之间起到了中介作用③；魏颖采用心理学实证研究方法，自编调查问卷，确定了地方社科院科研人员胜任特征包括7大因素，如专业素养、科研能力、求真求实、地方融入性、社会洞察力、学习能力和合作沟通能力④。程文等通过实证研究得出大学高级研究人员胜任力体系包括管理能力、科研品质和科研能力三大维度，由学习能力、合作能力、抗压能力、自信、信息挖掘、创新能力、培养他人、团队管理能力、督导能力和成就导向10个因素构成⑤。

科研人员定性方面的研究。周霞在对胜任力文献研究的基础上，构建了科技管理人员胜任力评价指标体系，具体包括知识、能力、工作态度和意识四个维度⑥。张晓娟通过理论分析构建了科技管理者指标体系的基本框架，采用问卷调查法采集数据。采用分层法得到由4个一级指标、9个二级指标、25个三级指标

---

① 孙瑞华，齐松仁，左焕琮．医师科研绩效评估指标体系及构建的探讨研究［J］．中华医学科研管理杂志，2000（13）：9－12.

② 贾建锋，付永良，孙年华．知识型员工胜任特征模型研究的总体框架［J］．科学学与科学技术管理，2009（8）：166－171.

③ 王峥，王永梅，王访．科研项目负责人胜任特征与领导有效性的关系：变革型领导的中介作用［J］．科学学与科学技术管理，2011，32（5）：136－143.

④ 魏颖．地方社科院科研人员胜任力结构模型研究［J］．科技管理研究，2011（19）：151－153.

⑤ 程文，吕传萍，张国梁．大学高级研究人员胜任力模型实证研究［J］．大连理工大学学报（社会科学版），2010（3）：55－59.

⑥ 周霞，景保峰．科技管理人员胜任力研究［J］．科技管理研究，2009（12）：470－472.

组成的评价指标体系①。张玲认为，高校科技管理人员的胜任力要素包括道德素质、专博兼备的知识结构和社交能力等素质②。张俐提出“象牙塔”中科技管理人员在当下知识经济时代需具备爱国心、高度的责任感、信息处理能力、公关能力、组织协调能力等素质。卢纪华提出科技管理人员素质包括5大维度，首先是思想品质，其次分别是领导技能、人际沟通、概念技能及文化建设能力。

二、智库专家人才评价现状

国内外学者根据不同环境，从各方面对智库专家进行人才评价。布鲁金斯学会的前董事会主席约翰·桑顿（John Thornton）认为，布鲁金斯吸引的智库人才是各自领域领头的优秀研究人员和决策者，他们不仅具有缜密的思维，而且极具创造力和创新思维，他们善于将自己的思想和现实世界的问题紧密结合起来；兰德公司的研究人员除了需具备较高的学历及研究能力外，还需要较好的外语能力（其研究人员来自全世界40多个国家，掌握60多门语言，多数可以流利地使用外语）具有自主的数学建模、编程能力，同时还具有良好的沟通能力和口头表达能力等。兰德公司认为有政府工作经历的人往往比具有高学历的研究者拥有更为深刻的洞察力③。

雷蒙德·斯特鲁伊克（Raymond J. Struyk）在其著作《完善智库管理》中的“岗位说明书”中，列举了智库专家须拥有的特征。这些特征分为四个类型：教育、经历、技能和“其他被期望的特征”，如成熟、判断力、创造力、组织能力、领导力、自我激励、独立和协作开展工作的能力等。智库应聘人员被要求对这些特征的重要性进行排序④。

在2012年的TTI－EX国际会议上，与会者认为，优秀的高级研究员应具有以下重要特征：一是必要的学历，已出版的丰富的学术成果。二是优秀的人际沟通交往能力。三是对自己所在的专业领域充满热情，为国家做出了积极贡献。四是将问题放到多学科背景下考虑。五是恪守学术道德。六是处理争议的能力。七是可以成为一名优秀的指导者。八是可以同时开展多项工作。研讨会上，全球发展中心主席 Nancy Birdsall 对智库专家提出了更高的要求：政府工作经验。政府

① 张晓娟．产业导向的科技人才评价指标体系研究［J］．科技进步与对策，2013（6）：137－141.
② 张玲．高校打造高素质科技管理队伍的探索［J］．科技管理研究，2007（5）：219－220
③ 王辉耀，苗绿．大国智库［M］．北京：中国人民大学出版社，2014：47.
④ 雷蒙德·斯特鲁伊克．完善智库管理［M］．李刚等译．南京：南京大学出版社，2016：68.

工作经验可以让研究员对项目管理有直观的认识，让他们清楚地认识到政策改革的难度①。

Weimer 和 Vining 认为，智库专家在其职业生涯的行为中要高度重视诚实的分析、对顾客的高度责任感以及个人对美好社会的信念这三种价值观。Charan 列出了智库专家个人技能、工作价值观的重要指标②。其中技能包括精通技术或专业技能，工作价值包括凭借个人能力获得研究成果、高质量的专业工作和认同智库的价值观。王莉丽认为智库专家不同于一般学者，其重要特征包括四点：一是研究功底深厚，是某一领域的学术专家，具备一定的权威性；二是政治嗅觉敏锐、政策反应力快速，要了解国家战略和现实政治；三是具有良好的语言表达能力和沟通能力，善于将学术语言、复杂问题简单明了化，以向媒体和公众传播思想；四是要负有道德责任，敢尽言责，善尽言责，估计自身言论和理念对社会产生的影响。

社科院学者房宁认为，广泛而深入地了解国际国内形势，将专业理论运用到实际问题的解决上，是优秀的智库专家所必备的胜任特质，具体表现在三个方面。一是熟悉国内外政治、经济、社会的现实状况。智库专家要深入社会生活中，与政府官员、媒体记者、广大群众做朋友，才能系统深入地了解现实存在的重大问题并提出有针对性的可行解决方案。二是要洞悉我国的政治经济发展的进程。党的十九大为中国未来发展制定了蓝图，指明了方向。作为智库专家既要了解和熟悉中国过去的政策渊源，更要深入领会十九大精神，进而发现政治经济和社会的发展趋势与规律。三是了解和熟悉国内外政治经济和社会发展中的重大问题③。

人大重阳金融研究院提出优秀智库专家的标准。一是要有浓厚的家国情怀与现实关怀。要长时间保持改善社会现状和国家政策的饥渴感，热爱与社会各阶层人员交往，对工作单位外的真实情况保持高度的兴趣、敏感和责任意识。同时需具备发自内心的使命感，使命感是推动智库专家孜孜不倦、为国家社会的发展贡献力量的源泉。二是要有极强的政策解读能力和高端的全球视野，要善于解读各类政策文件，并能结合实际问题制定研究方向并谋求解决方案。此外，优秀的智

---

① Nancy Birdsall. Successful policy engagement [EB/OL]. TTI EX 2012.

② Charan R, Drotter S, Noel J. The leadership pipeline [M]. San Francisco: Jossey - Bass. CIPE. See Center for International Private Enterprise, 2001.

③ 房宁. 我们需要什么样的智库学者 [N]. 光明日报, 2015 - 12 - 30 (12).

库专家还需从国内外大方向上把握政策改善的各类方向，尤其是对宏观政策的把握，更需要着眼于全球格局的变化。三是要有统合组织与传播能力。智库研究人员需拥有足够多的社会人脉与政府关系，并善于整合各类资源。四是要有顾客导向。不同的客户对象，研究成果的呈现结构也要有所区别。优秀的智库专家不仅要具备传播自己成果的意识与能力，还应具备针对不同客户对象提供不同风格的智库产品①。

湖南社科院周湘智提出建设高端智库急需培养八个方面人才，可以理解为智库专家需具备的八方面素质。一要具备捕捉变化，揭示趋势的预见性。智库专家需站在实践工作一线、政策一线、理论一线开展超前研究，需着眼远景，前瞻性地预测、预警、预判中长期大方向局势，对可能性的危机及影响进行提前分析，并及时提供解决的思路与方案。二要具备时势洞察、顶层设计的战略性。在战略决策时代，我国紧缺擅长提供方向性、全局性、制胜性战略的智库专家。三要具备知识多元，能力全面的复合性。既有坚实学术功底又深刻了解国情。四要具备深入调研，能接地气的田野性。智库专家既要吃透上情又摸透下情，既了解内情又熟悉外情，准确掌握决策部署后社会大众的反映，收集公众对公共政策的需求反馈，确保方案制定后经得起检验与论证。五要具备思维新颖，方法更新。能有效利用现代的量化工具，善于使用大数据、案例事实、决策模型等研究方法和技术开展工作的人才。六要具有广阔的全球视野，跨国交往能力。七要关注媒体，善于表达，能积极运用各种新媒体平台宣传智库的政策理念，并同各大媒体保持畅通的联系。八要能够精于管理，引领发展。很多政府委托的政策研究项目，需要整个团队分工合作才能完成。智库专家需具备较好的团队管理能力，善于协调各方关系，才能高质量地完成政策研究项目②。

陈朝宗认为智库有四大定位，分别是超前研究、战略研究、应用研究和第三方研究（主要指民间智库）。对应智库的四大定位，智库专家应具备 4 大素质结构。一是完整的知识结构，一流的智库专家应既是专家又是杂家。具备知识的深度和广度。既是本研究领域的专家，又对政策研究的各个领域有所涉及，如政治经济、科技文化、人文历史、军事外交、国际关系都应有所知晓。二是良好的智能结构，一流的智库专家应受过良好的高等教育，具有较高的哲学和科学素养，

① 王文．中国须有更多优秀的智库学者［J］．对外传播，2014（8）：30－31.

② 周湘智．智库建设急需高端人才［N］．光明日报，2015－02－04（7）．

掌握现代化研究工具和方法，具有敏锐的目光。三是丰富的阅历结构，一流的智库专家应熟悉各种领域，尤其是政策制定领域，最好具备政府工作的经历。同时，海外经历对于拓宽智库专家的国际视野起到至关重要的作用。四是具备一定的社会影响力，一流的智库专家不仅善于搞政策研究，也要经常发表有独特观点的文章，同时还善于利用媒体宣传自己的观点。只有具备这些素质的专家才是真正一流的智库专家①。

朱敏提出智库专家的素质结构由三大要素构成。一是个体智能，主要包括智库专家的学科背景、研究方法、各项能力及理论观点。二是个体阅历，包括智库专家的工作经验、获取信息的渠道及国际视野。三是个体的社会影响力，包括智库专家的政策影响、学术影响、媒体影响、大众影响。这样的素质结构，符合专博相济“T”型人才特征，有助于达成智库的整体发展目标②。

付睿以智库专家周洪宇教授为例，介绍了一流智库专家应具备的素质。周洪宇是长江教育研究院院长，华中师范大学教育史博士点的带头人、全国人大代表、民主党派领导、省人大常委会领导成员，长期研究社会问题及教育政策，这样的多重身份使得其建言献策既关注社会现实重大战略性问题，又兼顾历史文化问题；既聚焦教育问题，还放眼其他国计民生领域。其著作《智库与治理：周洪宇国是建言》呈现了周洪宇系统观点，集中体现了他“全球视野，中国立场，专业能力，实践导向”的一贯主张，揭示了一名智库专家所应具备的素养，包括家国情怀、执着与坚守、专业能力与专业精神等，反映了我国新时期智库专家的使命与担当③。

山东省智库高端人才首席专家高焕喜提出智库高端人才应具备的6大基本素养。一是知识积累要厚。智库高端人才一定是专家。首先，其专业知识积累要深厚且扎实，所掌握和蕴含的专业素养丰厚、厚实、深厚，才能站在本专业领域前沿观察认识问题。其次，其相关知识积累要厚。最后，其各类常识积累要厚。二是形势观察要透。要想了解中国，必须知晓世界，要想熟谙局部，必须了解全局。智库高端人才对于世界经济政治走向，国内经济社会发展趋势，应时时有个

① 陈朝宗．智库型人才的素质结构、资本投入与培养渠道［J］．重庆社会科学，2013（6）：19－113.

② 朱敏．新型智库人才培养管理创新思考［J］．管理世界，2016（3）：178－179.

③ 付睿．智库专家的使命与担当——兼论《智库与治理：周洪宇国是建言》［J］．决策与信息，2017（12）：108－111.

基本的了解和判断。至于大政方针、计划规划、产业政策、行业现状、区域发展、城乡建设、资源环境、民生素养等更需有个较为系统完整的了解知晓。看经济社会发展形势，需循规律，看大势；需见点知面，透过现象看本质；需善于借助更多的平台、窗口和渠道，勤观察、多观察，善整合、善思考。三是政治觉悟要够。需具备起码的基本的政治素养和觉悟。作为智库高端人才必须爱国，有民族气节，有时代担当，遇事考虑问题要以国家民族利益为重、以党和人民群众的利益为重、以事业发展和大多数人的切实利益为重，即要顾大局、守大节、重大业、有责任心、有使命感。四是基层了解要真。智库高端人才需善于真实全面系统深入了解所咨询领域范围内的经济社会发展以及资源、产业、市场、城乡、环保、民生等诸多相关情况。五是见解认识要新。社会发展日新月异，时代前进昼夜不停。作为智库高端人才的见解认识必须紧跟时代节拍，看到和把握经济社会发展的趋势、走向，并实事求是地不断更新修正完善自己的见解认识。六是对策建议要实。智库人才的基本职能是依据需要或通过适当的形式和渠道提出现实需要的对策建议。智库高端人才需善于把独到的见解，研发产生的新观点、新思想、新理论转化设计出实在管用的对策建议。首先，所提供的对策建议要有实的内容，有真招实货。所出的主意是解决实际问题的建议，所提供的是真解题，解真题，见真效、见实效的实招。最好这实招能有牵一发而动全身，一招走活全盘棋之效。其次，所提供的对策要有实的表达，具通俗性、可读性。理论的最高境界是通俗。最后，所提供的对策建议要实用，有较强的针对性和可行性。咨询建议最重要最关键的是实施后切实管用，真见实效，易见实效。

综合以上分析可见，我国智库建设呈现几个问题：专家学科背景、研究方向、工作经历等较单一；智库专家研究岗位配置上缺少明确分工，智库专家既要从事政策研究工作又要从事行政性工作；缺少智库人才的培养机制及交流平台；智库专家聘用机制不够灵活。

尽管国内外的学者对智库专家胜任力进行了较多研究，但研究多集中于胜任特征的识别及胜任模型的开发，且多为主观经验的阐述，目前对基于胜任力的智库专家人才评价的定量研究，以及评价指标体系的实证研究尚属空白，相关研究尚待摸索。

三、国外智库专家评价规则

哥伦比亚大学智库研究组《全球智库报告》由四大一级评价指标构成：资

源指标、效用指标、成果指标及影响力指标。其中与智库专家有关的评价指标集中于一级指标的“资源指标”中，包括“留住顶尖学者和分析师的能力”“与政策制定者、政策精英对接的能力”“拥有研究严谨、分析及时且精准的雇员”“拥有有质量的可靠关系网”“在政策学术界和媒体有关键的联系人”等。

美国城市研究所智库专家评价规则。美国城市研究所著名智库学者雷蒙德·斯特鲁伊克（Raymond J. Stuyk）根据多年智库管理经验及大量实地调研，提出了智库专家应有的主要素质特征。作者根据经验赋予了各个特征不同的权重，这些权重值跟标准本身相比主观性更强。表3－3列出了有助于智库机构对候选人进行评估的一些标准①。

表3－3　智库专家应具备的品质及其权重

权重值	品质
25	丰富的知识、分析能力和政治敏锐性——熟悉相关主题领域的知识并有着多年的工作经验；精通主要的统计方法，对政策问题和政策参与有着深刻的理解
20	人际交往能力——天生的领导者和引导者；管理层会议的高效参与者
16	主动性和洞察力——主动为筹集资金和开拓政策研究领域寻求机会；努力提升团队成员能力；擅长预测政策重点的变化和用户需求
16	有效处理外部关系——乐于并胜任与所有党派的政策制定者交往；优秀的沟通联络人
13	筹集资金的能力——突出的领导政策方案团队的能力；能够承担筹集资金的责任
10	发展潜力——具有潜在的创造性和适应力；在管理方面有很大潜力
100	总权重值

权重最高的（25分）特征是丰富的知识、分析技巧和政治敏锐性。赋分最高的原因是，智库专家必须是其领导智库研究领域的权威专家，需深刻理解大的政治环境，并且知道如何在这样的环境中有效地开展工作。

权重第二的特征是人际交往能力（20分）。雷蒙德·斯特鲁伊克（Raymond J. Stuyk）认为糟糕的人际交往能力会降低团队的工作效率，甚至可能会造成优秀人才流失。只有心理成熟的人才具备这种能力，而年轻的分析人员在这方面往往是比较缺乏的。但是，这种成熟与年龄也并不是高度相关的。

权重排第三的特征是主动性和洞察力（16分）。它与前文所讨论的思想上的

① 雷蒙德·斯特鲁伊克．完善智库管理［M］．李刚等译．南京：南京大学出版社，2016：112.

领导力关系密切。拥有这种特征的人可以大体预测其所在专业领域接下来的中心政策议题。

权重排第四的特征是有效处理外部关系（16 分）。成功的智库专家必须乐于与政府官员、非政府组织、媒体以及议会议员打交道。他们必须是会议和小团队中优秀的发言人。如果有可能，智库专家应该是其所在政治团体早已被认可的专家。

其后两个特征的权重较低，但其依旧很重要。对于筹集资金的能力（13 分）来说，很多高级员工都不愿意撰写政策方案，也不愿意与投资者会面。虽然一些高级专业人员已经意识到，撰写政策方案只是概念性的工作（只需要确定和充实主要观点和相关假设）并且开始喜欢上这一过程。但如果一个智库专家不是优秀的政策方案撰写者，或者带着厌恶的态度去撰写政策方案，都会对团队产生潜移默化的影响，以至于为这项工作营造了一种恶劣的环境。

最后一个特征则聚焦于发展潜力（10 分），虽然这是以后的事情，但发展潜力对于智库专家尤其是年轻的智库而言也很重要。

表 3 -4 是一家营利性智库用于评判智库专家候选人发展潜力的标准[①]。表格左栏为拥有巨大发展潜力的智库专家应具有的特征，表格右栏的特征则表明智库专家很可能只会在当前岗位上获得有限发展。

表 3 -4　判断智库专家候选人发展潜力的标准

有巨大的领导潜能候选人的特征	有有限的领导潜能候选人的特征
1. 拥有广泛而深厚的运营知识、技术能力和专业能力	1. 总的来说，其运营知识、技术能力和专业能力仅处于可接受的水平
2. 展现出可靠的管理才能	2. 只付出很少的努力来学习新技能，但能保持现有技能的最佳水平
3. 显示出与团队领导岗位相一致的领导才能	3. 渴望继续留在智库工作，但对较大的挑战并不感兴趣
4. 经常学习新技能	4. 其工作动力只是为了满足目前需要
5. 渴望更高级别的挑战和机会	5. 对当前工作很了解
6. 对智库工作表现出很高的兴趣和精力	6. 主要关注技术层面的成功
7. 以智库整体利益而不仅是团队利益为导向	

① Charan R，Drotter S，Noel J. The leadership pipeline ［M］. San Francisco：Jossey - Bass. CIPE. See Center for International Private Enterprise，2001.

这些标准能够为管理者判断智库专家候选人的潜力提供一些好的思路。对候选人来说，可以从对其以往的绩效评估中获取重要信息，也可以向智库专家候选人的评估者咨询相关情况。智库会询问外部候选人是否对管理工作感兴趣，以及他们的能力和经验如何。智库专家候选人可能会被问到，如何处理特定任务，包括为团队工作制定计划、为团队工作制定新方向，或者就某项工作进行分工。

四、国内智库专家评价指标规则

国内关于智库专家的评价主要分为定性和定量评价。有的是整体智库评价体系的子指标如上海社科院开发的《中国智库报告》评价系统，与智库专家评价指标有关的评价指标包括“留住顶尖专家和研究者的能力”“智库专家到政府部门中任职的比例以及智库人员曾在政府部门任职的人员比例”。其他定量的评价指标如 MRPA 智库专家评价指标规则、中国智库大数据评价指标规则和高校智库人才考核评价指标体系等。

1. MRPA 智库专家评价指标规则

MRPA 测评系统（见表 3 – 5）是由南大中国智库研究与评价中心和《光明日报》智库研究与发布中心于 2015 年启动开发的 CTTI 子系统[①]。CTTI 即中国智库索引，包括智库排序、专家排序、大学智库指数排序。MRPA 测评系统可准确查询全国入库的智库专家，根据每位专家在 MRPA 系统中 48 个指标得分进行统计分析。智库专家评价指标体系包括专家个人研究成果（P 值）、专家个人活动（A 值）和荣誉奖励（H 值）3 大类。专家数据库子集包含智库专家的自然情况、个人经历、个人身份、学术成果、学术荣誉、媒体影响力等总共 36 个大类。

MPP 智库专家评价指标和赋值见表 3 – 5。MRPA 智库专家绩效用 Ep 表示，智库专家绩效是三类指标赋值的算术总和。

$$Ep = P1 + P2 + P4 + P5 + P6 + P7 + P8 + P9 + A1 + A2 + A3 + H1$$

上述的评价指标体系均来自研究者多年的理论与实践总结，指标的选取以及权重的确定是基于各指标在智库专家评价中的重要性，具有较强的针对性和一定的专家效度。但具体特征的选择及具体权重分配还是基于专家的经验判断，多少是具有一定的主观性。

① 李刚，王斯敏. CTTI 来源智库 MRPA 测评指标体系介绍［N］. 光明日报，2016 – 12 – 21（16）.

表 3-5　MRPA 智库专家评价指标内容

<table>
<tr><td rowspan="18">专家成果</td><td rowspan="18">P</td><td>单篇内参
（无论是否被批示）</td><td>P1</td><td>按篇赋值</td><td>2</td></tr>
<tr><td rowspan="4">被批示内参</td><td rowspan="4">P2</td><td>正国级/每条</td><td>30</td></tr>
<tr><td>副国级/每条</td><td>20</td></tr>
<tr><td>省部级/每条</td><td>10</td></tr>
<tr><td>副部级/每条</td><td>5</td></tr>
<tr><td>图书（正式出版）</td><td>P4</td><td>每种赋值</td><td>2</td></tr>
<tr><td>研究报告</td><td>P5</td><td>每份赋值</td><td>4</td></tr>
<tr><td>《人民日报》《求是》
《光明日报》文章</td><td>P6</td><td>每篇赋值</td><td>5</td></tr>
<tr><td rowspan="4">论文</td><td rowspan="4">P7</td><td>CSSCI 来源期刊论文/每篇</td><td>1</td></tr>
<tr><td>SSCI/A&HCI 收录/每篇</td><td>2</td></tr>
<tr><td>CSCI/EI 收录/每篇</td><td>1</td></tr>
<tr><td>其他普通论文/每篇</td><td>0.5</td></tr>
<tr><td rowspan="5">纵向项目</td><td rowspan="5">P8</td><td>纵向—国家社科重大/教育部社科重大</td><td>0</td></tr>
<tr><td>纵向—国家社科重点/国家自科重点</td><td>6</td></tr>
<tr><td>纵向—国家社科一般/青年项目</td><td>4</td></tr>
<tr><td>纵向—省部级项目</td><td>2</td></tr>
<tr><td>纵向—其他</td><td>0.5</td></tr>
<tr><td>横向项目</td><td>P9</td><td>每项基本分 2 +，每 10 万赋值 1 分</td><td></td></tr>
<tr><td rowspan="10">专家活动</td><td rowspan="9">A</td><td rowspan="2">专家参加国际或全国性会议/次</td><td rowspan="4">A1</td><td>主持/致辞/主题发言</td><td>4</td></tr>
<tr><td>普通代表</td><td>1</td></tr>
<tr><td rowspan="2">专家参加其他层次会议</td><td>主持/致辞/主题发言</td><td>2</td></tr>
<tr><td>普通代表</td><td>0.5</td></tr>
<tr><td>全国性培训活动</td><td rowspan="2">A2</td><td>讲师</td><td>3</td></tr>
<tr><td>其他层次培训</td><td>讲师</td><td>1</td></tr>
<tr><td>参与接待副国级领导以上考察调研</td><td rowspan="3">A3</td><td>每次</td><td>4</td></tr>
<tr><td rowspan="2">参与接待省部级领导/专家考察调研</td><td>每次</td><td>1</td></tr>
<tr><td>每次</td><td>0.5</td></tr>
<tr><td>H</td><td>省部级以上奖励</td><td>H1</td><td>每次</td><td>2</td></tr>
</table>

2. 中国智库大数据评价指标规则

2016 年的《中国智库大数据报告》是由清华大学公共管理学院朱旭峰教授

领衔的中国智库大数据评价研究课题组发布的，首次通过大数据评价方法和社交大数据资源对智库活动进行的综合性评价与排名。报告通过对智库及专家言论在社交媒体中的大数据分析，推出了智库微信公众号影响力指数、智库微博专家影响力指数和智库微信引用影响力指数三个分项指标，以及智库大数据指数（TTBI）的评价结果。

目前学术界推出多种评价智库的方法，如向相关受众发放问卷的主观提名评价方法，向智库机构发放调查问卷的客观数据评价方法，搜集智库公开行为数据的大样本评测方法等。基于社交网络新媒体的出现极大地改变了各个现代国家的政治生态，智库影响力测量和评价方法经历了从主观到客观，从定性到定量，从小样本到大样本，从小数据到大数据的发展趋势。智库专家评价的发展方向之一，就是通过智库专家在社交媒体上所产生的大量无组织的痕迹追踪数据，探索智库专家影响力的“大数据评价方法”。

所谓智库专家大数据评价，就是通过对智库专家的言论在社交媒体里大量无组织的痕迹数据进行回溯、追踪、提取和分析，从而对智库影响力进行客观评价。采用大数据评价方法的优势在于客观、无偏、实时、大样本。海量的数据规模能够提供相对客观和无偏的信息资源，而不断更新的数据来源也能够提供实时的大样本数据资源。该研究将通过大数据的评价方法来实现对微博、微信、手机APP数据的覆盖，从而对智库的日常行为活动进行客观评价。

“智库大数据指数”（Think Tank Big Data Index，TTBI）是由智库微信公众号影响力、微博专家影响力和微信引用影响力三个一级指标构成，每个一级指标下面有若干个二级指标。其中智库微博专家影响力的二级指标为：专家历史粉丝数加总、专家当年发博数加总、专家当年所有博文的转发数加总、专家当年所有博文的评论比例、专家当年所有博文的点赞比例、专家当年所有博文的转发比例六个指标，具体见表3－6。

表3－6　智库大数据评价指标体系

一级指标	二级指标	权重（%）	Log（n+1）	0~100标准化
微信专家影响力	专家历史粉丝数加总	40	V	V
	专家当年发博数加总	10	V	V
	专家当年所有博文的转发数加总	20	V	V
	专家当年所有博文的评论比例	10		V

续表

一级指标	二级指标	权重（%）	Log（n+1）	0~100 标准化
微信专家影响力	专家当年所有博文的点赞比例	10		V
	专家当年所有博文的转发比例	10		V

资料来源：2016 中国智库大数据报告，“中国智库大数据评价研究”课题组　清华大学公共管理学院。

智库微博专家影响力排名中位列前 10 位的智库（按字母顺序排列）：盘古智库、天则经济研究所、中国科学技术协会、中国科学院、中国青少年研究中心、中国人民大学国际货币研究所、中国人民大学重阳金融研究院、中国软科学研究会、中国社会科学院、中国战略文化促进会。可以看出，微博智库专家影响力的排名和微信公众号影响力的排名差别较大。

3. 湖北高校智库人才考核评价指标体系①

武汉科技大学李蒙以湖北省 57 所高校智库为研究对象，采用网站访问、电子邮件调研和实地现场调研的方法，从智库人才发展趋势、培养体系以及激励措施等方面对智库人才考评体系收集信息，采用因素分析法，得出 4 个一级评价指标体系，具体见表 3－7。一是咨询决策贡献。考核智库专家所提供的智库产品是否具有咨询决策影响力，包括领导批示、采纳建议和咨询参与 3 个二级指标来反映这种咨询决策贡献大小。二是学术贡献。既是高校进行各项考核的主要指标，也

表 3－7　高校智库人才考核评价指标体系

一级指标	二级指标（C）	指标计算方法
咨询决策贡献	C1 领导批示：各级领导的批	国家级领导批示（件/年）×2＋省级领导批示（件/年）×1.5＋厅局级领导批示（件/年）
	C2 采纳建议：建言献策被采纳情况	全国政协、人大及国家部委议案采纳（件/年）×2＋地方政协、人大及委办局议案采纳（件/年）×1.5＋其他议案采纳（件/年）
	C3 咨询参与：发展规划等咨询活动参与程度	国家级发展规划等咨询活动（人次/年）×2＋省级发展规划等咨询活动（人次/年）×1.5＋厅局级发展规划等咨询活动（人次/年）

① 李蒙，余宏亮等．高校智库人才考核评价体系及人才建设策略［J］．黑龙江高教研究，2018（3）：42－45.

续表

一级指标	二级指标（C）	指标计算方法
学术贡献	C4 科技论文：学术论文发表及转载数	SCI 或 SSCI 学术论文发表数（篇/年）×2＋核心学术论文发表数（篇/年）×1.5＋一般学术论文发表数（篇/年）＋学术论文被转载数（篇/年）
	C5 著作：公开出版的论文集或研究报告	公开出版的论文集或智库报告（册/年）
	C6 科研项目：各个级别的科研项目	国家级科研项目（项/年）×2＋省级科研项目（项/年）×1.5＋厅局级科研项目（人次/年）
社会传播	C7 网络传播：移动公众平台（微博、微信公众号等）关注度、个人智库网页的访问量	移动公众平台关注度（累计人次/5000）＋个人智库主页点击率（累计人次/5000）
	C8 主流媒体传播：主流媒体的报道或访谈	具有重大影响的媒体报道或访谈（次/年）×1.5＋一般媒体报道或访谈（次/年）
国际智库合作	C9 国际合作项目数：与国际智库合作的项目数	与国际智库合作项目数（项）
	C10 国际智库交流情况：国际智库的访问交流	与国际智库之间的交流活动（次/年）

资料来源：李蒙，余宏亮等．高校智库人才考核评价体系及人才建设策略［J］．黑龙江高教研究，2018（3）：42－45.

是高校智库人才考核的重要方面，包括科技论文、著作以及科研项目 3 个二级指标来反映学术贡献大小。三是社会传播。智库人才可以通过撰写报纸文章、建立博客或公众号以及个人智库网站等形式，影响媒体与公众对公共问题的看法，引导社会热点、引发公众热议、影响社会舆论，包括网络传播和主流媒体传播 2 个二级指标。四是国际智库合作。国际智库间的交流合作扮演着推动双边及多边关系走向认知共同体的助推器角色，包括国际合作项目数和国际智库交流情况 2 个二级指标。

第三节 智库专家评价的效标研究

效标关联效度（criterion - related validity）反映测验本身与外在效标间关系的量化程度，是衡量测验本身有效性或准确度的重要指标，外在效标与测验间的相关系数越高，可推断出此测验的效标关联效度越高。

对于智库专家胜任力我们需要通过智库专家的绩效来检验，或者说用绩效作为效标来检验智库专家评价指标体系是否真的具备鉴别力。目前通用的绩效一是通过客观成果来表示，如智库专家成果影响力，这也是目前主要的鉴别指标。二是用工作绩效主观量表来测量。因目前国内尚无成熟的智库专家成果影响力排行，本文通过因子分析法构建智库专家成果影响力模型，以及利用成熟的工作绩效量表，分别同智库专家评价指标进行相关分析，以验证智库专家评价指标体系的效度。

一、智库专家成果影响力效标

1. 影响力界定

杰克·奈格尔认为影响力是行动者运用各项意图以影响其他更多行动者的行动或行动倾向的一种关系①。Lee 认为影响力是一个人的信仰、价值观、态度或行为对他人信仰、价值观、态度或行动的影响效果②。詹虹认为影响力是个体行动改变他人态度、价值观、信仰或行动的过程或结果，可被看成是他人实际改变的程度③。在所有的组织中，影响力的因素均包含两大方面：任务的形成和关系的建立。影响力作为一个关系概念存在于影响者与被影响者间的关系之中。智库专家成果影响力反映的是智库专家与政策制定者、广大民众间的一种特定的社会关系。

① 杰克·奈格尔. 权力的描述性分析［M］. 纽黑文：耶鲁大学出版社，1975：29.

② Lee G. Leadership and management effectiveness：A multi - frame［J］. Multi - sector Analysis，Human Resource Management，1991，30（4）：509 - 534.

③ 詹虹. 基于权力的中国企业领导影响力研究［D］. 厦门：厦门大学，2007.

2. 智库专家的成果

智库的研究成果是该机构智库专家的集体研究成果的体现，主要包括智库的思想成果和政策建议等，它们以一定的外在形式存在，包括课题成果、内参报告、研究论文、报刊文章、会议发言、媒体稿件等[①]。兰德公司总结出了智库高质量研究成果的十大标准。一是研究目的应非常清晰，研究成果应准确表述。二是运用适合的研究方法并严格地执行。三是研究成果应建立在对目标问题的理解和掌握的基础上。四是需充分掌握研究对象的各类数据。五是研究假设必须经过科学调研、明确合理。六是研究成果应对解决重大政策问题有所帮助，同时促进认识的积累。七是政策建议应符合逻辑，并可进行合理解释。八是智库报告应结构清晰、通俗易懂。九是智库报告应引人关注、有实用价值，同时与客户对象和政策决策者的需求密切相关。十是智库报告应不受外界影响，保证研究的独立性。最后智库报告必须经过机构内部的审查，只有被认为符合以上十条标准的研究成果，才能以兰德的名义呈交委托方[②]。

智库的作用和价值在于其产品或成果对他人、机构组织、政府乃至整个国家的思想、决策、政策等方面所产生的影响力，这种影响力是一种软性权力，具体作用是对战略问题及公共政策的支撑，提供咨询服务和决策支持，通过其学术成果引领学术研究，借助各种平台向普通民众阐释各类议题和主张，引导社会舆论，从而发挥其影响力。智库影响力的大小取决于其成果中的观点、判断、方法、理论、策略等要素在实践检验中所表现出来的前瞻性、准确性、客观性、合理性和可行性。国外知名智库专家通过各种途径将其大量研究成果、对策和建议转变成为国家战略、政策甚至是立法，引导公众选择自己的政策倡议，发挥其影响力。智库专家成果被政府机构、其他公私组织以及社会公众的认可和接纳程度意愿的大小反映了智库专家影响力的大小，本质上体现了智库专家的综合能力。

3. 智库专家成果影响力评价

智库是由智库专家构成的，智库影响力从根本上是智库专家的成果影响力。影响力是个比较抽象的概念。一般来说，很难从客观的角度来判断某智库专家的成果被政策决策者或客户所采纳并付之行动。英国的智库专家曾谈道，即使我们能够证实亚当·斯密研究所向撒切尔（Thatcher）夫人提供了咨询报告，费边研

① 王春法．关于好智库的 12 条标准［J］．智库理论与实践，2017（1）：2－7.

② 兰德公司关于高质量研究的十个标准［EB/OL］．［2017－02－09］．http：//www. rand. org/standards. html.

究所和公共政策研究所提供给英国前首相托尼·布莱尔（TonyBlair）的建议也被接受，但智库也很难确认其政策方案被付诸实施。美国国会有个好的传统，会经常要求各知名智库专家出席国会听证，会发表自己的政策意见，但这也不代表国会已经采纳了此智库专家的政策建议。因而很多对智库影响力评价指标的批评也多集中在这一核心环节。

国外的研究。如 Wiarda 认为从某种意义上说，政府是靠政策备忘录来运行的。如果美国国务院、国防部的官员或中央情报局和国家安全委员会的分析家在给高层写备忘录的时候用了你的观点和建议，那么你的成果就有了影响力。如果你的研究没有展现在他面前，或者你甚至不知道谁是负责的官员，那你就没有影响力①。从以上可以看出，对智库专家成果影响力的研究是当前研究的难点。

由于美国现有数据库资源非常充足且获取便利，许多西方研究者在研究美国智库专家成果影响力时，均运用美国 Nexis 数据库关于主要媒体对各智库专家研究成果的引用情况进行综合分析。目前美国普遍采用的衡量智库影响力的标准之一是媒体的引用率。公众媒体不具备对重大事件或政策进行独立分析的能力，因而智库的研究成果对美国的公众媒体具有非常强的影响力，媒体在向大众进行新闻报道和评论时，需借助智库的观点和研究成果。另外媒体也希望引导社会公众的思想潮流②。唐纳德·阿贝尔森（Donald Abelson）指出“在国会专门委员会提供立场鲜明的政策主张，出版有争议的国内或国际问题的研究报告都可能在某些政策制定领域引起关注，但其所产生的影响力可能远比不上 CBS 晚间新闻上的一个画面或《纽约时报》上的一篇评论文章”③。美国各大智库都积极鼓励智库专家接受各类传统或新媒体的采访，面向社会大众分析最新的政策及局势、阐明自己的观点，积极引导公众舆论④。

国内的研究，如暨南大学陈定定教授于 2015 年 5 月 26 日在《瞭望智库》上发文，将智库专家影响力按学术、政策和媒体影响力 3 个指标进行主观排名，列出美国前 10 大“中国通”，即关于中国问题的国际顶尖智库专家，包括著名学者李侃如（Ken Lieberthal）、江忆恩（Iain Johnston）、柯庆生（Tom Christensen）、

① 朱旭峰．中国智库影响力研究［D］．北京：清华大学，2005.

② 朱旭峰．美国思想库对社会思潮的影响［J］．现代国际关系，2002（8）：42－46.

③ Donald Abelson. A capital idea［M］. McGill－Queen University Press：Montreal，2004：84.

④ Andrew，Rich. Think tanks，Public policy，and the politics of exertise［M］. Cambrdge University Press：Cambridge，2004：68.

兰普顿（David Lampton）、卜睿哲（Richard Bush）、巴里·诺顿（Barry Naughton）、麦艾文（Evan Medeiros）、谢淑丽（Susan Shirk）、傅泰林（Taylor Fravel）、沈大伟（David Shambaugh）。

清华大学朱旭峰教授（2004）通过对全国智库负责人的调研，对294个样本进行探索性因素分析，构建了中国智库影响力的指标体系①，如表3-8所示。其中智库专家的社会决策层影响力一方面来自其学术声誉，表现其学术水平和声誉的一个重要标准是该专家发表专业论文的影响力（一是出现在媒体上的论文未被列入精英影响力范畴，二是将该专家发表在中文核心期刊上论文数作为其社会精英影响力的指标之一）；另一方面来自媒体、智库与公众舆论之间的三元模型中，如图3-1所示。

表3-8 思想库影响力指标体系

核心层影响力	社会中心层影响力	社会边缘层影响力
中央/部门领导批示	核心期刊发表论文数	成果被媒体报道
作为专家接受政府邀请参加咨询会次数	受邀参加国内全国范围学术会议次数	接受媒体采访次数

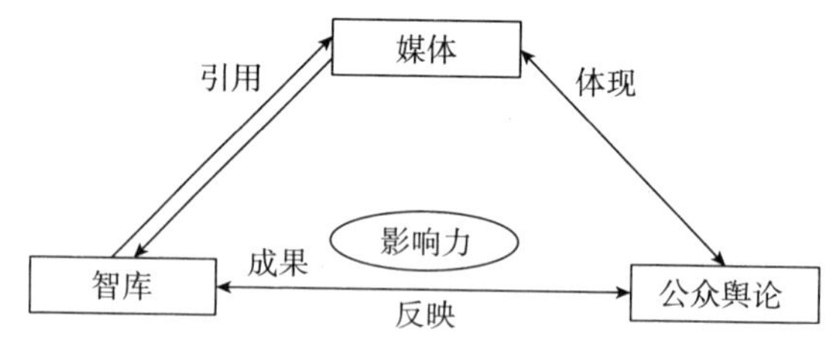

图3-1 智库、媒体和公众舆论三元模型

资料来源：朱旭峰．网络与知识运用：政策过程中的中国思想库影响力研究［D］．北京：清华大学，2005.

基于“社会结构”范式的智库影响力是目前比较有影响力的智库影响力理论。Johan将社会结构分成决策核心层（Decision - making Nuclear）、中心层（Center）和边缘层（Periphery）三大层次。决策核心层是指掌握政策决策力的人，如各级政府的决策者，他们的政策主张对最终的决策起到决定性作用。其次

① 朱旭峰．网络与知识运用：政策过程中的中国思想库影响力研究［D］．北京：清华大学，2005.

是中心层，包括具有一定影响力的传媒（如国内的《人民日报》《光明日报》《新华日报》等）、社会精英（如著名智库专家郑永年、经济专家吴敬琏等）等，中心层就包括智库专家。边缘层主要是普通的社会民众。

智库专家成果影响力与社会结构存在着强对应关系。智库专家成果影响力涉及政策过程的各个方面，贯穿于政策过程的始终。智库专家应采用不同的策略应对社会结构中处于不同地位的参与者。根据智库专家的界定及不同的影响力策略而引发的智库行为模式的差异，本研究将智库专家影响力分成决策（核心）影响力和大众（边缘）影响力 2 个层次。

（1）决策（核心）影响力。智库专家主要通过提供内参报告，作为智库专家接受政府邀请参加咨询会议、研究党政部门委托的各类横向和纵向课题，以及在重要学术刊物发表学术论文、参加各类党政部门主办的智库产品评奖等，将自己的研究成果直接或间接提供给政府机构的决策者以影响公共决策，产生核心影响力。

（2）大众（边缘）影响力。智库专家通过在《人民日报》《求是》《光明日报》等重要报刊上发表文章，或者接受电视广播媒体的采访，以及在新媒体如网络、微博、微信平台、手机端新媒体等发表观点；受邀参加全国性各类会议报告、接受各类媒体采访、出版著作等，公开发表自己的观点来影响和传播大众关心的各类政策的观点。媒体也倾向于报道较高公众知名度的智库专家所阐述的政策观点，同时公众也更容易相信并接受这些政策主张。

综合以上分析，本研究根据智库专家的定义以及影响力策略的不同，构建智库专家成果影响力理论模型。模型含两个维度，第一个维度是智库专家的决策层影响力。包括内参被党政领导批示的次数，作为智库专家接受政府邀请参加咨询会议的次数、主持课题的次数、在核心期刊学术刊物发表学术论文的数量、出版著作的数量、受邀参加全国性会议报告次数、省部级以上奖励的次数等指标。第二个维度是智库专家的社会边缘层影响力。智库专家通过在权威官媒如《人民日报》《求是》《光明日报》上发表文章，接受各类媒体采访等指标。以上这些可以用二维的空间反映出来（见图 3－2），两个坐标轴构成的空间形成了一个坐标系，它代表智库专家的影响力，通过智库专家影响力二维示意图，智库专家影响力的大小可以较形象地反映出来，当然，这并非是具体的量化研究，而仅仅是通俗、形象地表示了智库专家的影响力。

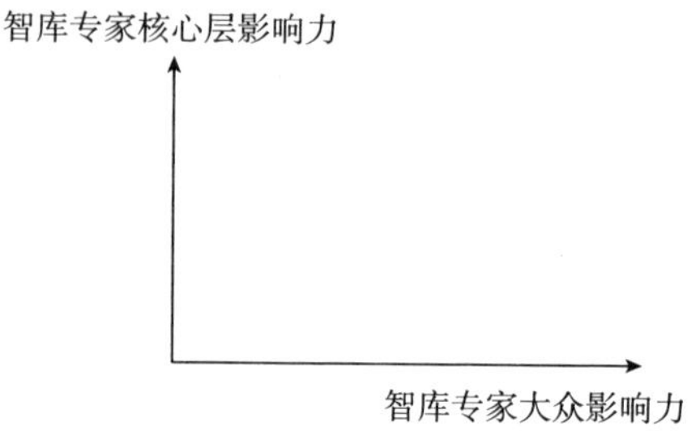

图 3-2　智库专家影响力二维示意图

二、工作绩效效标

当前国内外的研究中，通常将工作绩效作为胜任力评价指标体系的效标效度。目前实践及理论界尚未就绩效的内涵及其结构形成统一的观点。对工作绩效的定义经历了结果观和行为观，及融合结果观和行为观的综合观，人们对绩效的认识也越来越深入。

1. 工作绩效的内涵

关于工作绩效的内涵主要有三个观点。一是工作绩效的结果观。该观点认为绩效就是行为的结果。如 Bernardin 认为工作绩效是在特定时空范围及工作职能上产生的结果。传统的组织一般多以具体产量和质量确定员工的工作绩效，这个观点在较长时间被企事业单位广泛认可①。Gilley 做了更简单的解释，认为完成组织工作任务的结果如产出和成绩，就是绩效的具体表现②。Bernardin 等认为工作绩效是员工在具体时间内，利用本岗位职权而产生的工作结果，工作的结果可以从质量、数量、时间、成本—效果、组织需求和人际影响六个方面来考核③。该观点认为绩效就是行为的结果。二是工作绩效的行为观。Campbell 认为工作绩效是员工根据组织设定的目标实际从事且可以测量的行为④。Murphy 将绩效定义

① Berdardin H J, Beatty R. Performance appraisal, assessing human behavior at work ［M］. Boston: Kent Publish, 1984: 56.

② Gilley J, Gilley A. The birdman method of career planning. career planning and adult ［J］. Development Journal, 2003, 19 (2): 137-149.

③ Bernard H, Richard W. Performance appraisal: Assessing human behavior at work ［M］. Boston: Kent, 1984: 148-160.

④ Campbell J P, McCloy R A, Oppler SH, Sager C E. A Theory of performance. in schmit N, Borman W C. Personnel selection in oreanizations ［M］. San Francisco: Jossev-Bass, 1993: 78.

为个体根据组织目标而开展的一系列行为[①]。Borman 等认为工作绩效是可以评估的、多维度的、间断的与组织目标相关的行为结构体[②]。Rotundo 等把工作绩效定义为在个体控制下对组织具有贡献的行动或行为[③]。但也有很多学者对行为观持怀疑态度，主要观点有：①认为如果绩效只是行为本身而与结果无关，那以什么标准去判断过程正确而结果错误？②如果将绩效定义为行为本身，会扩大绩效的范围，造成绩效解释的混乱。如有学者对近些年工作绩效研究进行回顾时发现，有的研究中将绩效的内涵包括能力和个性特征[④]。该观点基于行为的绩效定义，重视对员工工作行为的细分，认为效绩不是行为的结果，而是行为的过程。三是工作绩效的综合观。绩效的结果观和行为观无论是从理论方面还是从实践方面来看均存在一定的局限性，在这样的背景下，学者提出了绩效综合观，认为绩效既是结果也是行为。Binning 等认为绩效应从系统的角度来概括，应涵盖具体岗位的行为过程和结果的关系[⑤]。Armstrong 等认为绩效包括行为和结果，认为行为由从事岗位工作的个体表现出来，并将工作任务付诸实施。工作行为不仅是实现结果的工具，工作行为本身也是结果，是为完成组织任务所付出的结果，而且能与结果分开进行判断[⑥]。李永壮认为绩效是个体为实现组织的目标，在一定时空范围内所实现的行为过程和结果[⑦]。

2. 工作绩效的结构

随着对工作绩效研究的不断深入，对工作绩效结构的观点从单维发展到现在的多维。Campbell 等认为工作绩效是由员工所控制的与组织目的相关的在不同情境中的多种行为。

Borman 和 Motowidlo 在总结相关研究的基础上，通过问卷调查提出了绩效二

---

① Murphy K R, Cleveland J. Performance appraisal: An organizational perspective [M]. Charlotte: Baker & Taylor Books, 1991: 34.

② Bernard H, Richard W. Expanding the criterion domain to include elements of contextual performance, Personnel selection in organizations [M]. San Francisco, CA: Jossey Bass, 1993: 71 – 98.

③ Rotundo M, Sackett P R. The relative importance of task, citizenship, and counterproductive performance to global ratings of job performance: A policy – capturing approach [J]. Journal of Applied Psychology, 2002, 66 – 80.

④ 陈学军，王重鸣．绩效模型的最新研究进展［J］．心理科学，2001（24）：737 – 738.

⑤ Binning J F, Barren G V. Validity of personnel decisions: A conceptual analysis of the inferential and evidential bases [J]. Journal of Applied Psychology, 1989, 74 (3): 478 – 494.

⑥ Armstrong M, Baron A. Performance management [J]. London: The Cromwell Press, 1998.

⑦ 李永壮．基于个体的绩效管理体系［D］．天津：天津大学，2006.

维结构，即将绩效分成任务绩效和关系绩效，认为任务绩效和关系绩效共同构成了工作绩效，在工作中有同样的重要性[①]。Scotter 和 Motowidlo 经过研究，进一步将关系绩效分为人际促进、工作奉献 2 个子维度[②]。

任务绩效与关系绩效具有质的区别，任务绩效以完成组织任务来实现组织目标，而关系绩效通过对组织的心理支持以实现组织目标。任务绩效主要考察硬性的职责规定，而关系绩效包含了更多职务外的东西。相关研究表明关系绩效是机构对员工总体工作绩效的判断的重要标准，如团队合作能力，人际关系融洽程度等；很多研究证实关系绩效与组织效率的存在重要的关联。随着经验的积累，管理者从事领导的工作更加依赖于沟通协调能力、社会交往等各项能力。

3. 胜任力与工作绩效的关系

麦克莱兰（McLagan）认为胜任力能促进个体的工作绩效，可以将胜任力评价指标体系作为机构招聘、培训、员工考核和领导选拔计划的有效工具[③]。研究普遍证明，认知能力是影响工作绩效最重要的因素，个体所具备该岗位所需的知识和技能越多，工作绩效就越高[④]；同时影响工作绩效的重要因素还包括沟通协调和社交能力，个体认知能力及社交能力等，这些特质相互作用并影响工作绩效。Borman 等发现认知能力可预测任务绩效[⑤]；Day 发现个性特征是关系绩效一个重要的预测指标[⑥]；Arvey 等研究发现个体的情绪特征可很好地预测关系绩效[⑦]；Levenson 发现管理者的胜任力与组织绩效具有较强的正相关[⑧]；Wang 等发

---

① Broman W C, Motowidlo S J. Expanding the criterion domain to include elementsofcontextual performance. Personnel selection in organizations ［J］. San Francisco: Jossey – Bass, 1993, 71 – 98.

② Motowidlo S J, Van S. Evidence that task performance should be distinguished from contextual performance ［J］. Journalof Applied Psychology, 1994 (79): 475 – 480.

③ McLagan P A. Competency model ［J］. Training & Development Journal, 1980, 34 (12): 22 – 26.

④ Wright P M, Kacmar K, et al. Cogxutive ability as a moderator of the relationship between personality and job performance ［J］. journal of Management, 1995 (6): 1129 – 1139.

⑤ Borman W C, Hanson M A, Hedge J W. Personnel selection ［J］. Annual Review of Psychology, 1997, 48 (1): 299 – 337.

⑥ Day D V, Silverman S B. Personality and job performance: Evidence of incremental validity ［J］. Personnel Psvchology, 1989 (1): 25 – 36.

⑦ Arvey R D, Renz G L, Watson T W. Emotionality and job performance: Implications for personnel selection ［J］. Research in Personnel and Human Resources Management, 1998 (16): 103 – 147.

⑧ Levenson A R, Vander Stede W A, Cohen S G. Measuring the relationship between managerial competencies and performance ［J］. Journal of Management, 2006 (3): 360 – 380.

现团队领导的魅力型领导行为显著影响 ERP 项目的执行绩效[①]；Thite 的研究也显示团队领导的魅力型领导行为显著影响信息科技项目的绩效[②]；曹仰锋通过案例研究发现通过团队过程、团队成员以及团队环境等变量，领导行为对团队绩效产生重大影响[③]。

Jan Han 通过对台湾高科技企业的调查发现，人力资源管理和变革管理能力与其工作绩效具有正相关[④]。Levenson 通过对管理人员的问卷调查，研究管理胜任力与个体及组织层面的绩效间的关系，发现个体胜任力与管理者的工作绩效有显著的正相关，而管理者的胜任力并不能预测组织绩效[⑤]。张文勤等对管理者胜任力与其管理绩效间的关系进行了回归分析，发现管理胜任力积极影响管理绩效[⑥]。林立杰等发现知识工作者的 36 项胜任特征均与其个人业绩具有不同程度的正向关系[⑦]。冯明等经研究发现管理者的思维能力显著正向影响其适应性绩效和周边绩效，其中学习能力与绩效显著相关；自我发展能力能预测周边绩效[⑧]。郑晓明等发现从事人力资源管理的人员胜任力显著影响其工作绩效[⑨]。刘学方等研究发现，家族企业接班人的组织承诺、诚信正直等胜任特征能显著预测其继承绩效[⑩]。金杨华等发现管理者的团队协调、人际关系和组织协调等胜任特征可预测管理者人际促进和工作奉献；管理者的系统分析、问题解决、授权激励、经营监

---

① Wang E, Chou H, Jiang J. The impacts of charismatic leadership style on team cohesiveness and overall performance during ERP implementation ［J］. International Journal of Project Management, 2005 (3): 173 - 180.

② Thite M. Leadership styles in information technology projects ［J］. International Journal of Project Management, 2000 (4): 235 - 241.

③ 曹仰锋. 高层管理团队领导行为对团队绩效的影响机制：案例研究 ［J］. 管理学报, 2011 (4): 504 - 516.

④ Jian Han. The HR competencies - HR effectiveness link: A study in Taiwanese high - tech companies ［J］. Human Resource Management, 2006 (3): 391 - 406.

⑤ Levenson A R, Vander S W A, Cohen S G. Measuring the relationship between managerial competencies and performance ［J］. Journal of Management, 2006 (3): 360 - 380.

⑥ 张文勤, 石金涛. 电信企业管理胜任特征与管理绩效的关系 ［J］. 工业工程与管理, 2009 (1): 105 - 109.

⑦ 林立杰, 高俊山, 裴利芳. 高校知识工作者胜任力要素与个人业绩关系的实证研究 ［J］. 管理学报, 2007 (2): 230 - 234.

⑧ 冯明, 纪晓丽, 尹明鑫. 制造业管理者元胜任力与行业胜任力和绩效之间关系的实证研究 ［J］. 中国软科学, 2007 (10): 126 - 135.

⑨ 郑晓明, 于海波, 王明娇. 中国企业人力资源专业人员胜任力的结构与测量 ［J］. 中国软科学, 2010 (11): 168 - 181.

⑩ 刘学方, 唐宁玉. 家族企业接班人胜任力建模——一个实证研究 ［J］. 管理世界, 2006 (5): 96 - 106.

控等问题解决胜任特征对任务绩效和人际促进维度影响较大；管理者的诚信度、责任意识等诚信胜任特征能较好地预测工作奉献①。

综上所述，各领域的实证研究从各角度有力证明了胜任力与工作绩效具有显著的相关性。胜任力评价指标体系能有效地预测工作绩效，对智库专家胜任力评价指标体系具有一定的实际价值。本研究将在构建基于胜任力智库专家评价模型的基础上，将工作绩效作为智库专家评价指标的效标效度。

第四节　研究对象的文献计量分析

任何的研究都是建立在前人研究基础上的，在进行本研究前有必要充分了解本领域所做的工作及成果。本节利用文献计量学方法对我国智库专家领域的期刊文献数据进行定量分析，以了解国内智库专家研究的研究现状。

期刊文献来源基于 CNKI 的《中国学术文献网络出版总库》，该库是目前全球最大的中国学术期刊全文数据库，是进行中文文献计量分析的首选数据库②。检索日期为 2018 年 6 月 10 日，研究工具为文献计量工具 Noteexpress3. 0。

一、智库评价文献计量分析

在 CNKI 中，以篇目作为检索项，将“智库”“思想库”分别与“评价”“评判”“评析”“测评”“比较”进行组配检索，辅以人工筛选并去重，最终获得有关智库评价研究的期刊论文共计 103 篇。

1. 学术期刊年载文量分析

通过对一个研究领域的发文数量年代分布分析，可以发现该学科的研究动态和发展趋势。根据文献增长规律和特征，一个领域在研究初期文献量会呈指数增长，发展到鼎盛时期增长将会变缓，成熟期后数量将会逐步下降。为了考察智库评价的成长性，本研究统计了 2009 ~ 2018 年 6 月 CNKI 收录的期刊论文年化分布趋势。

---

① 金杨华，王重鸣. 管理胜任特征与工作绩效关系研究［J］. 心理科学，2004（6）：1349 - 1351.

② 马少美，汪徽志，孔琛. 中国电子政务研究文献计量分析［J］. 情报科学，2009（8）：1214 - 1218.

从表3－9可以看出，2010～2013年智库评价并未受到太多关注，从2014年开始，智库评价的文献快速递增，随着2015年1月20日中共中央办公厅和国务院办公厅《关于加强中国特色新型智库建设的意见》的颁布，关于智库评价的学术论文快速增长成为智库研究的热点之一。

表3－9　学术期刊年载文量分布

年份	2009	2010	2011	2012	2013	2014	2015	2016	2017	2018
	0	3	1	3	0	8	8	36	32	10

2. 著者单位分析

此处选取了文献篇数大于2篇的著者单位，见表3－10。对所收集到的关于智库评价论文的著者单位进行了分析，从表中可以看出，发文单位最多的为南京大学信息管理学院，为5篇，其次为中国社会科学评价中心。这两个研究机构均是国内智库研究的重镇。

表3－10　年载文量分布折线图著者单位发文数量

排序	著者单位	文献篇数
1	南京大学信息管理学院	5
2	中国社会科学评价中心	4
3	中国科学院文献情报中心	3
4	中国人民大学重阳研究院	3
5	清华大学公共管理学院	2
6	北京大学信息管理系	2
7	浙江工业大学全球智库研究中心	2
8	武汉大学信息管理学院	2
9	华中师范大学公共管理学院	2
10	中国社会科学院研究生院	2

3. 文献出版来源分析

通过对文献出版的来源进行考查，并对其按载文量进行了排序，此处列出前10名。表3－11显示《智库理论与实践》刊载智库评价论文的数量居统计结果之首，有11篇。《智库理论与实践》是依托中科院文献情报中心的强大背景，目前是国内唯一以智库为主题的专业学术期刊。《情报杂志》次之，有8篇。从排名前10的文献来源来看，智库评价的文章集中于图书情报与档案管理类期刊。

表3－11　文献出版来源及篇数

	文献出版来源	篇数
1	智库理论与实践	11
2	情报杂志	8
3	社会科学文摘	5
4	评价与管理	4
5	情报理论与实践	3
6	图书馆论坛	3
7	高校教育管理	2
8	高教发展与评估	2
9	重庆大学学报	2
10	经济社会体制比较	2

二、智库专家评价文献计量分析

1. 年载文量分析

从表3－12可以看出，从2009年开始关于智库专家的文献逐年递增，从2014年开始智库专家的文献快速增长，从年载文量分布可以看出关于智库专家的研究随着国家对智库的重视，得到国内学者的高度关注。

表3－12　年载文量分布

年份	2009	2010	2011	2012	2013	2014	2015	2016	2017	2018
篇数	5	6	0	6	6	15	19	50	53	25

2. 著者单位分析

对所收集到的关于智库专家研究的著者单位进行了分析，此处选取了文献篇数大于2篇的著者单位，见表3－13。从表中可以看出，发文单位多为国务院发展研究中心，为4篇。国务院发展研究中心是首批入选的国家高端智库建设试点单位。在美国宾夕法尼亚大学“智库研究项目”（TTCSP）研究编写的《全球智库报告2017》中，国务院发展研究中心位列全球顶级智库百强第57，在国内各大智库排行榜单中均名列前茅。其他单位的都在2篇左右。

表3－13　著者单位发文数量

著者单位	文献篇数
国务院发展研究中心	4
湘潭大学商学院	2
国土资源部咨询研究中心	2
福建社会科学院	2
南京大学信息管理学院	2
新华社	2
河南省社科院	2
社科院	2
南京森林警察学院	2
江苏警官学院	2

3. 文献出版来源分析

通过对文献出版的来源进行考查，并对其按载文量进行了排序，此处列出前10名。表3－14显示《江西农业》刊载智库专家数量居统计结果之首，有23篇；《智库理论与实践》次之，有12篇。从排名前10的文献来源来看，集中于人文社科类期刊。

表3－14　文献出版来源及篇数

	文献出版来源	篇数
1	江西农业	23
2	智库理论与实践	12
3	中国发展观察	6
4	决策与信息	4
5	管理观察	2

续表

	文献出版来源	篇数
6	社会科学文摘	2
7	智库时代	2
8	新经济导刊	2
9	学术评论	2
10	图书馆论坛	2

三、我国智库专家评价文献计量分析

以“智库专家”“智库人才”“政策分析师”与“评价”“比较”“评判”组合检索，共发现4篇文章，包括笔者发表的2篇。在当前国家高度重视智库建设的背景下，智库评价及智库专家研究均得到研究者的重视，智库专家评价隶属于智库评价范畴，有着重要的研究意义。

第四章　智库专家评价指标理论体系构建

在智库人才管理工作中，选拔与考核智库专家是十分关键的问题。想要实现人事相宜、人职匹配，就需要运用科学的评价方法，才能选拔满意的智库专家，做到人岗匹配，以减少主观判断而造成的人才浪费现象。特别是需要高级智库专家的智库机构，要想真正使得配置结果达到人尽其才，才尽其用，对于智库专家的配置就需要十分谨慎、科学和严格。因此，对于构建合理科学有效的智库专家评价模型并运用合理测评工具，让优秀的智库专家脱颖而出，以及能否对智库专家素质做出准确的评价和预测已经成为众多智库机构人事管理的一项重要工作。

根据上一章对智库、胜任力、人才素质评价理论的分析，归纳总结了目前国内外智库专家评价指标体系研究的现状，介绍了各类评价指标体系。以此为基础，本章试图构建基于胜任力和人才评价理论的智库专家评价指标理论体系，在文献研究的基础上进行有针对性的专家访谈，对收集的胜任力指标进行统计分析，构建智库专家评价指标理论体系。

第一节　理论依据和原则

一、评价指标体系构建的理论依据

构建智库专家评价指标理论体系的依据包括：各类重要理论（全评价理论、智库理论，人才评价理论、胜任力理论等）、现有的智库专家评价研究成果。理论来源主要用于概念的界定，现有智库专家评价成果主要用于指导评价指标的选择。

目前国内外部分学者提出智库专家一般胜任力的定性评价标准，其指标具有一定的参考价值，根据相关文献整理出的评价指标如表4－1所示。

表4－1　智库专家一般胜任力评价指标来源

智库专家一般胜任力评价指标	来源
实践能力、创新精神及较强的国际交流能力	金芳
理论功底扎实、熟悉国情域情、具有理论创新能力	王宏源
跨学科训练；献身于解决实际问题；对研究有兴趣；具有合作精神；外语好；能设计数学模型；会编程；较好的表达能力；政府工作经历	兰德公司
吃苦精神；外语好；美国顶尖大学政治学博士；高校科研经验；较高演讲技巧、行政能力、筹款能力	国际和平基金会
乐于思考，关心公共问题的意识；学识层次高、文化底蕴深、知识积累深厚；较强的思考能力；科学思维和创新意识；高度理解、分析信息的能力；数学分析处理能力；深入探究的能力	东京大学
应用与实践能力；跨学科研究能力，对社会科学和公共领域有强烈的兴趣，合作共事能力，沟通与交流能力	边晓利
研究能力、洞察能力、服务能力、合作能力、应变能力	野村（NRI）
专业能力：研究所需基础知识、信息检索能力、分析能力、口头或书面传递情报的能力、专业领域知识的广度和深度，客户服务意识：计划领导能力、系统管理能力	斯坦福国际咨询研究所（SRI）
在各自领域领先的优秀研究者和决策者，思维缜密，富有创新性和创造力，懂得怎样把他们的思想和现实世界的问题结合起来	John Thornton
深厚的研究功底、敏锐的政治嗅觉、快速政策反应能力、良好的沟通表达能力、负有道德责任心，敢言尽责，善言尽责	王莉丽
了解世情、国情以及社情民意，做到理论联系实际	房宁
浓厚的家国情怀与现实关怀，有极强的政策研判力与全球视野感，统合组织与传播能力，有顾客导向	王文
政策预见性，顶层的战略性，能力全面复合性，能接地气的田野性，懂得现代量化工具，国际视野，关注媒体，善于表达，精于管理	周湘智
责任、童心、眼界、学识、知政、多智、谋划、预测、警示、使命	于今
专业基础、宏观视野、国情与政策实际、了解政策演进与趋势	王春法

续表

智库专家一般胜任力评价指标	来源
深厚的学术功底和研究能力，较好的管理能力，从事各项活动交流能力	王辉耀
问题分析判断能力，超前的战略思维谋划能力，精准的目标选择设定能力，温和的团队整合协调能力，果敢的选点聚力攻艰能力，较强的总结概括表达能力	高焕喜
坚定的政治素养，娴熟的政策研究素养，深厚的学术素养，广泛合作的素养，良好的道德素养	杨光
专业兴趣、跨学科背景、问题意识、研究能力、表达方式	吴康宁①
问题意识，聚焦现实问题，掌握最新动态，实证研究方法	王建梁②
战略思维、辩证思维、创新思维；科学精神、独立精神；全球视野、专业视界；问题意识，坚持问题导向；科学研判、战略构建	翟博
学术能力（写学术文章）；政策研究报告的撰写能力；掌握媒体语言	曲星

以上文献为本文构建智库专家评价指标体系提供了重要的理论支持，但分析目前的研究成果，国内的指标多为理论概括、经验总结与主观推导，并没有清晰地界定智库专家一般胜任力的结构维度以及具体的特征条目；另外国外的评价指标具有情境依赖性，直接引用国外学者的研究成果，并不能很好地解决国内的智库专家评价指标体系所面临的问题。

二、评价指标体系构建的原则

1. 科学性原则

构建人才评价指标体系的第一原则就是科学性，保证真实客观地呈现人才特质，而且要保证各项指标间的独立性，可以如实地衡量人才。具体来说，要用人才素质测评的理论作支撑，保证评价指标无论是在概念上还是结构上都表现得既严谨又合理，同时紧紧把握住人才的核心特质，确保评价指标的针对性。不管是运用定量还是定性的评价方法，无论是构建什么样的评价模型，都应该清晰、简洁、合乎实际地表述被评价的对象，增强评价的科学性。

2. 系统优化原则

一般情况下，衡量评价对象的评价指标之间呈现相互联系和制约的关系，如

① 吴康宁．教育改巧需要什么样的国家智库［J］．中国高等教育，2014（6）：17.

② 王建梁，郭万婷．我国教育智库建设：问题与对策［J］．教育发展研巧，2014（9）：4.

横向联系的评价指标之间表达的是制约关系，纵向联系的评价指标之间体现的是包含与被包含的关系；而且同一层次的评价指标之间应尽量做到泾渭分明，主要是为了避免出现互相联系、干扰和影响的几个组或者几个层次的评价指标体系，最终能够表现出系统性的特点。具体来说，评价指标数量上的多寡和评价指标体系结构的优劣都应该根据系统优化为衡量原则，最好能用较少数量和层次的指标来全面反映评价对象，在这个过程中，要尽量避免评价指标体系太过繁杂，也要谨防指标过于单一化，导致不能全面客观地衡量评价对象。因此，在评价指标的选择上，追求的是总体满意度和效用，兼顾各方面的因素。在计算指标权重的时候，尽可能地运用系统分解的方法，如层次分析法，把总指标分解为次级指标，再到更次一级的指标，形成金字塔结构，确保各指标和指标结构都符合系统优化原则。这样一来，经过各指标间的合理有效的联系和数量关系，贯彻统筹思想和理念，最终实现评价指标体系的综合功能最优，确保全面客观的评价。

3. 通用可比原则

对于人才评价来说，保证通用可比性原则意味着要进行两方面的比较，一个是纵向比较，另一个是横向比较。前者指同一对象在此时与彼时之间的比较。要做到这一点，必须确保评价指标体系与各个指标和参数特征具有稳定性，包括概念延伸的稳定性，同时，要确保测算各个指标相对值的标准值不会发生变化。后者指针对不同的评价对象的比较，寻找和提炼共同要素，根据该要素设计评价指标。在实际的评价过程中，要具体情况具体分析，调整指标权重，综合考虑评价对象的情况进行比较。一般而言，相同性质的评价对象，进行比较的评价指标相对易于获得。

4. 可操作性原则

可操作性原则具体代表实用、可行以及可操作。从评价方法上说，不要追求复杂化，计算过程容易操作，评价的指标不能追求面面俱到，过于繁琐，只要能够保证最终的评价结果既全面又客观，就尽量删减掉那些对最终评价结果影响很小的评价指标。另外，用于评价的数据来源要可靠，获得渠道应该很便捷。具体来说，不一定所有的指标都是定量的才是最好的，也可以适当设置一些定性指标，但是必须保证所设置的定性指标要很好观察，定量指标有可靠的数据来源。只有这样，才能保证评价的真实性。不然的话，会增大评价的难度，并且失去评价的意义。在操作实施环节要注意规范性。尤其是相关评价指标权重的计算，要保证科学性，不能出现人为的计算误差。

5. 目的性原则

高层次人才评价目的不能局限于界定人才是否优秀，或者有多么优秀，而是建立一种机制，发挥良好的导向作用，使人才明确发展方向和成长路径，并且对社会其他人员产生很好的启示效果。因此，应该根据人才评价目的进行指标挑选，围绕人才的素质特征来编制评价指标体系。所以，对于高层次人才的评价不能够只限于人的学历、职称等资格条件，还要考虑其工作业绩、能力和奉献，尤其要关注潜能。

第二节　智库专家评价指标库的建立

在研究相关文献、理论依据（全评价理论、人才评价理论、胜任力理论等）和现有的智库专家评价研究成果的基础上，根据评价指标体系建立的原则，整理了两级结构的评价指标库（见表4－2），供后续的专家访谈使用。三级指标均为智库专家个人评价指标。

智库专家评价指标将会从指标库结构表中选取。指标的选取、指标结构层次的调整、指标数据获取方法、指标的度量标准、指标权重的确定等将在后续的研究中展开。

表4－2　一般胜任力指标库结构

三级指标	指标解释
专业理论	具备扎实的学科基础
外语能力	熟练掌握外语
研究工具	熟练掌握研究工具（如信息分析、决策分析工具等）
研究方法	熟练掌握本研究领域的研究范式和方法
统计工具	熟练掌握统计方法
理论联系实践	具备理论联系实践的能力
政策前瞻力	了解本研究领域的政策渊源和走向
前沿敏感性	熟悉国家战略、政策发展、前沿动态和热点问题
国际视野	具备开阔前瞻的国际视野，熟悉国际政策

续表

三级指标	指标解释
表达能力	熟练的语言文字表达能力
国际交流	能够在国际交流中对话、阐述观点，开展国际合作
政策洞察力	对政策有着深刻的洞察力，能敏锐把握公共政策需求
政策预见性	能预测所在专业领域政策议题走向
政策敏感性	能从与各政治团体的交流中获取信息，发现政策动向
见解独立性	对所研究问题具有独到见解
政策理论	掌握与政治议题相关的知识，能将其运用到研究中
政策解读能力	对政策能清晰解读，充分发挥解疑释惑、引导舆论的作用
成果说服力	研究成果（文件、报告、论文）具备较强的说服能力
学习能力	能根据研究需要不断更新知识结构
学习兴趣	对前沿和热点保持强烈的好奇心
自学能力	有较强的自学能力
协调能力	能根据项目计划对资源进行分配，协调关系，管理团队
公关能力	具备较强的公关能力
社交能力	能保持与政府、媒体、科研机构积极交流，及时了解信息
表达能力	具备一定的表达及演讲能力
媒体应对能力	具备应对媒体采访的能力
沟通能力	能尊重他人不同意见，与委托方沟通协作
责任心	对本职工作具有较强的责任心
成就动机	能确立具有挑战性的目标，积极主动地投入研究工作之中
独立思考	具有独立思考和判断的能力，不盲从、不偏信
科学思考	能根据客观研究，对政策做出科学理性判断
宣传意识	善于通过媒体、会议等渠道就成果、政策及热点进行阐释
客户意识	能充分挖掘并快速响应客户需求，积极建言献策
主动性	能积极捕捉社会热点，发现政策研究中的新方向和新问题
工作兴趣	对政策前沿动态具有积极的研究兴趣
创新意识	有较强的创新意识
教育培训	教育背景
智库经验	从事智库相关工作年限
海外经历	海外经历
教育培训	培训经历

第三节　人才评价指标体系的构建方法

目前在人才评价指标体系的研究方法上呈现出多元化的状态，如 Delphi 法、层次分析法、因子分析法、人工神经网络、模糊综合评判法等。也有研究者使用其他研究方法，如张洪燕用熵值法构建了高层次外贸人才评价模型①。当前以定性与定量相结合的层次分析法，定量研究的因素分析法为主流。如南京大学赵仁铃用因子分析法构建了基于个人信息的研究生考生评价综合评价模型②，陈媛媛用因子分析法构建了中国新型智库网络影响力评价指标体系③。本研究将德尔菲法构建智库专家评价指标体系理论模型，采用因子分析法构建智库专家评价指标体系。

一、德尔菲法

德尔菲法（Delphi Method），又称专家规定程序调查法，德尔菲法最早出现于 20 世纪 50 年代末，是当时美国为了预测在其遭受原子弹轰炸后，可能出现的结果，而由著名智库兰德公司创建的一种方法。于 1964 年首先用于技术预测。该方法主要是由调查者拟定调查表，按照既定程序，以函件的方式分别向专家组成员进行征询；而专家组成员又以匿名的方式（函件）提交意见。经过几次反复征询和反馈，专家组成员的意见逐步趋于集中，最后获得具有很高准确率的集体判断结果。德尔菲法本质上是一种反馈匿名函询法。其大致流程是，首先在对所要预测的问题征得专家的意见之后，进行整理、归纳、统计，再匿名反馈给各专家，再次征求意见，再集中、再反馈，直至得到一致的意见。经过多年理论与实践的完善，德尔菲法已日趋成熟，不仅用于预测领域，且广泛应用于各种评价指标体系的建立和具体指标的确定过程。

德尔菲法的基本步骤：①根据研究的课题制定实施计划。②根据研究课题的

---

① 张洪燕．基于熵值法和 SEM 的高层次外贸人才评价指标体系研究［D］．镇江：江苏科技大学，2012.

② 赵仁铃．基于个人信息的研究生考生评价模型研究［D］．南京：南京大学，2016.

③ 陈媛媛．中国新型智库网络影响力评价体系研究［D］．南京：南京大学，2016.

性质和内容，确定评价指标的主题方向，遴选和组织调查专家。③根据研究课题的具体要求和调查目的、内容，提出相关问题，并设计调查问卷。④组织专家答询并实行多次反馈。研究者将开放式调查问卷以及课题研究背景交给被调查的相关专家。专家对调查问卷的相关问题经过分析研究后，按照开放式调查问卷做出反馈。研究者再收回专家的答复后加以统计、归纳整理，进一步修改问题同时提出问题，将第二轮调查问卷再送给相关专家，进一步征询意见。经过多次反馈，直到专家们的意见比较一致、系统化并能做出判断为止。一般情况下，经过四轮调查，可以使专家们的意见达到比较协调的程度。⑤对最后一轮调查的结果进行必要的统计分析，并得出评价、预测结论。目前网络调查的方法越来越得到研究人员的重视并被运用在信息分析工作中。

这种方法的主要优点是比较便捷，并且避免了群体决策中面对面的争论，能使参与决策者都能畅所欲言，自由发表个人意见，能够使委托方与专家意见相互反馈。在进行专家调查过程中，可以采用数据统计方法对专家的意见进行汇总，将定性分析与定量分析有机结合起来。一般经过多路问卷调查，可逐步使专家的意见取得一致，从而得到对被评价对象相对客观的结论。缺点是受专家先验知识的影响，主观性强。并且耗时多，信息处理工作量大。

二、层次分析法

层次分析法（Analytic Hierarchy Process，AHP）是美国著名的运筹学家萨蒂（T. L. Saaty）等在 20 世纪 70 年代提出的一种定性与定量分析相结合的多准则决策方法。这一方法的特点，是在对复杂或无结构特性的复杂决策问题提供一种简单的决策方法。具体来说，它是指将决策问题的有关元素分解成目标、准则和方案等层次，用一定标度对人的主观判断进行客观量化，在此基础上进行定性分析和定量分析的一种决策方法。它把人的思维过程层次化、数量化，并用数学为分析、决策、预报和控制提供定量的依据。它尤其适合于定性判断起重要作用以及对决策结果难以直接准确计量的场合。

这种方法的优点是在一般情况下，决策者自己可使用并进行决策，解决了长期难以解决的决策者与决策分析者相分离且难以沟通的问题，大大提高了决策者的有效性和操作性。不足之处是当同一层次因素众多时，容易使决策者做出矛盾和混乱的判断，使判断矩阵出现不一致现象，同时这种方法仍然摆脱不了一定的主观性。

三、人工神经网络

人工神经网络是20世纪科学技术所取得的重大成果之一，是人类认识自然道路上的又一座里程碑。20世纪90年代以来国际学术界掀起了研究人工神经网络的热潮。人工神经网络主要由大量与自然神经细胞类似的人工神经元互联而成的网络。人工神经网络的工作和方法是模仿人的大脑。人工神经网络的工作原理大致模拟人脑的工作机理。即首先要以一定的学习准则进行学习，然后才能进行判断，评价工作。它主要根据所提供的数据，通过学习和训练，找出输入与输出之间的内在联系，从而求取问题的解。人工神经网络反映了人脑功能的基本特性，但并不是生物神经系统的逼真描述，只是一定层次和程度上的模仿。强调大量神经元之间的协同作用和通过学习的方法能够解决问题，是人工神经网络的重要特征。

人工神经网络具有在工作时有高速度和潜在的超速度，容错和容差能力，适合于求解难以找到好的求解规则的问题等优点。缺点：一是难以精确地分析神经网络的各项性能指标；二是不宜用来求解必须得到正确答案的问题及用计算机解决的很好的问题；三是系统结构的通用性差①。

四、模糊综合评判法

20世纪70年代美国控制论专家查德引入隶属度，导出了模糊综合评价法。模糊评价方法是一种多因素评价方法。应用模糊集合论方法对决策活动所涉及的人物事及方案等进行多因素、多目标的评价和判断，就是模糊综合评判。其基本原理是：首先确定被评判对象的因素（指标）集和评价（等级）集；其次分别确定各个因素的权重及它们的隶属度向量，获得模糊评判矩阵；最后把模糊评判矩阵与模糊权向量进行模糊运算并进行归一化，得到模糊评价综合结果。评判过程是由着眼因素和评语构成的两要素系统。着眼因素和评语一般都具有模糊性，不宜用精确的数学语言表达。

该方法的优点是既有严格的定量刻画隶属函数，也有对难以定量分析的模糊现象进行主观上的定性描述，把定量分析和定性描述结合起来对客观事物不是绝对的肯定或否定，很好地解决了判断的模糊性和不确定性问题。缺点是主要依靠

---

① 杨晓帆．人工神经网络固有的优点和缺点［J］．计算机科学，1994（21）：23－26.

隶属函数进行，计算比较繁杂，而且隶属函数的确定存在一定困难。它仍不能解决评价指标间的相关关系造成的评价信息重复问题，仍然摆脱不了评价过程的随机性和专家的主观上的不确定性及认识上的模糊性。

五、数据包络分析法

数据包络分析法由著名的运筹学家 Charnes 和 Rhodes 提出，被称为数据包络分析（Data Envelopment Analysis，DEA[①]）的方法，是一个对多投入多产出的多个决策单元效率评价方法。

DEA 法适合于具有多输入多输出指标决策单元的相对有效性评价，指标的单位可以不统一，不必无量纲化处理[②]；同类企业既可以横向作多个企业间比较，也可以纵向作不同年份的 DEA 分析；不需要预先知道投入产出指标之间的显性函数关系，不用预先计算投入产出综合比率指标，将投入和产出分开考虑，计算量较小。缺点是其应用范围限于一类具有多输入多输出的对象系统的相对有效性的评价。此外该方法对于有效单元所能给出的信息较少。

六、TOPSIS 法

TOPSIS（Technique for Order Preference by Similarity to an Ideal Solution）法是 C. L. Hwang 和 K. Yoon 于 1981 年首次提出，TOPSIS 法是根据有限评价对象与理想化目标的接近程度进行排序的方法，是在现有的对象中进行相对优劣的评价。TOPSIS 法是一种逼近于理想解的排序法，该方法只要求各效用函数具有单调递增（或递减）性就行。TOPSIS 法是多目标决策分析中一种常用的有效方法，又称为优劣解距离法。

其基本原理是通过检测评价对象与最优解、最劣解的距离来进行排序，若评价对象最靠近、最优解同时又最远离、最劣解，则为最优，否则不为最优。其中最优解的各指标值都达到各评价指标的最优值，最劣解的各指标值都达到各评价指标的最差值。

七、主成分分析法

主成分分析法是因子分析的主要方法，也是默认的方法。在很多文献中将二

① 干斌．DEA 方法的 Excel 实现［J］．统计与决策，2006（5）：143－146.

② 张英华，冯振环．科技实力评价方法探微［J］．科技管理，2003（2）：24－28.

者等同使用。主成分分析法（Principal Component Analysis，PCA），也称主分量分析或矩阵数据分析。它通过变量变换的方法把相关的变量变为若干不相关的综合指标变量，将多个变量转化为少数几个综合变量（即主成分），其中每个主成分都是原始变量的线性组合，各主成分之间互不相关，从而这些主成分能够反映始变量的绝大部分信息，且所含的信息互不重叠①。

主成分分析法代数模型。假设用 p 个变量来描述研究对象，分别用 X_1，X_2，…，X_p 来表示，这 p 个变量构成的 p 维随机向量为 $X=(X_1, X_2, \cdots, X_p)^t$。设随机向量 X 的均值为 μ，协方差矩阵为 $\sum$。假设 X 是以 n 个标量随机变量组成的列向量，并且 μk 是其第 k 个元素的期望值，即 $\mu k=E\ (xk)$，协方差矩阵然后被定义为：

$$\sum = E\{(X-E[X])(X-E[X])\} =$$

$$=\begin{bmatrix} E[(X_1-\mu_1)(X_1-\mu_1)] & E[(X_1-\mu_1)(X_2-\mu_2)] & \cdots & E[(X_1-\mu_1)(X_n-\mu_n)] \\ E[(X_2-\mu_2)(X_1-\mu_1)] & E[(X_2-\mu_2)(X_2-\mu_2)] & \cdots & E[(X_2-\mu_2)(X_n-\mu_n)] \\ \vdots & \vdots & \ddots & \vdots \\ E[(X_n-\mu_n)(X_1-\mu_1)] & E[(X_n-\mu_n)(X_2-\mu_2)] & \cdots & E[(X_n-\mu_n)(X_n-\mu_n)] \end{bmatrix}$$

对 X 进行线性变化，考虑原始变量的线性组合：

$$\begin{cases} Z_1=\mu_{11}X_1+\mu_{12}X_2+\cdots+\mu_{1p}X_p \\ Z_2=\mu_{21}X_1+\mu_{22}X_2+\cdots+\mu_{2p}X_p \\ \cdots \\ Z_p=\mu_{p1}X_1+\mu_{p2}X_2+\cdots+\mu_{pp}X_p \end{cases}$$

主成分是不相关的线性组合 Z_1，Z_2，…，Z_p，并且 Z_1 是 X_1，X_2，…，Xp 的线性组合中方差最大者，Z_2 是与 Z_1 不相关的线性组合中方差最大者，…，Zp 是与 Z_1，Z_2，…，Z_{p-1} 都不相关的线性组合中方差最大者。

八、因素分析法

因素分析法在 1904 年首先被著名的英国心理学家斯皮尔曼（Spearman）在他的一篇论文中提出。他分析的结论是，在学生多种课程考试中，每门课的考试

① 朱星宇，陈勇强. SPSS 多元统计分析方法及应用［M］. 北京：清华大学出版社，2011：241.

成绩都可表示为一个“若干个因素”与一个“特殊因素”之和①。因子分析是从研究多个变量之间的相互依赖关系入手，寻找潜藏的少量能够起决定作用、控制所有变量的公因子，将每个变量表示成公共因子的线性组合，再现原始变量与公共因子之间的相关关系，最后计算主要指标的合理权重。其基本思想是根据相关性大小对变量进行分组，使得同组内的变量之间相关性较高，不同组的变量相关性较低。每组变量代表一个基本结构，因子分析中将之称为公共因子。

在多指标综合评价方法中，传统方法对于权重的设置往往带有一定的主观随意性，将多元统计如因子分析法，引入综合评价方法，可以克服人为确定权数的缺陷，使得综合评价结果唯一，而且客观合理。缺点是当需要建立多于三层的层次结构时，因子分析法的应用就受到局限，这需要用回归分析或路径分析中的法来解决。南京大学赵仁铃用因子分析法构建了基于个人信息的研究生考生评价综合评价模型②，陈媛媛用因子分析法构建了中国新型智库网络影响力评价指标体系③。本研究将采用因子分析法。

第四节　评价指标理论体系构建

要对智库专家进行评价，首先必须构建智库专家评价指标理论体系。在上一章中我们归纳总结了目前国内外智库专家评价指标体系相关的研究现状，介绍了各种各样的评价指标体系。

在此基础上，本章一是调研国内外相关智库专家一般胜任力研究成果，结合Hay集团开发的胜任力测评工具，如《胜任力工具包》《领导胜任力调查表》《管理胜任力问卷》，初步构建智库专家一般胜任力评价指标库。二是于2016年2~10月，采用德尔菲法分别通过邮件、微信及当面访谈等方式调研了北京、上海、重庆、南京、长沙等地30多名有多年从业经验且具有行业影响力的智库专家。根据以上标准，本次调查选取分别工作于重点高校、中科院、社科院、国际问题研究院、社会智库等机构的智库专家。访谈所提的开放式问题为：“您认为

① 张敏强．教育与心理统计学［M］．北京：人民教育出版社，1993：299.
② 赵仁铃．基于个人信息的研究生考生评价模型研究［D］．南京：南京大学，2016.
③ 陈媛媛．中国新型智库网络影响力评价体系研究［D］．南京：南京大学，2016.

一个优秀的智库专家（定义：以战略和公共政策为研究对象、以影响权力决策和大众舆论为目标，提供决策方案和对策建议的研究人员）应具备哪些普遍素质或特点?”在得到21位智库专家的回复后接着按如下程序分析回复内容，选取胜任特征：首先将每位专家回复内容中的各项素质，概括为统一胜任特征，如将国际视野、全球视野、跨国视野、国际高度等概括为国际视野；将专业知识、学科知识、学科理论概括为专业领域知识。其次统计每位专家提出的特征频次。最后选取频次超过5次，同时在文献调研中出现的特征按高低进行排序，具体如表4－3所示。三是在2016年11月由南京大学中国智库评价中心主办的智库智力论坛上，进行小组访谈（Focus Group）。找五个各智库机构的研究人员一起，围绕着智库专家需具备什么素质的主题进行讨论。四是深度访谈，深度访谈了3名智库专家，将之前汇集的评价指标与其探讨，收集他们的态度和想法。最后基于胜任力冰山模型理论，综合文献调研及专家访谈综合选取的一般胜任特征，将智库专家一般胜任特征概括为显性特征及隐性特征2个维度、40个特征，如表4－4所示。

表4－3　胜任特征频次

胜任特征	频次	胜任特征	频次
国际视野	16	沟通表达能力	8
专业领域知识	14	组织协调能力	7
政策洞察力	10	社交能力	7
研究方法	10	独立思考	7
政策理论	9	客户意识	7
宣传意识	9	价值观	5
政策解读能力	9	研究工具	5
成果说服能力	8	责任心	5

表4－4　智库专家一般胜任特征维度

胜任维度	一般胜任特征
显性特征（9）	专业领域知识、外语能力、研究方法、研究工具、教育背景、海外背景、工作经验、统计工具、职称

续表

胜任维度	一般胜任特征
隐性特征（31）	政策洞察力、政策前瞻力、政策理论、前沿敏感性、国际视野、表达能力、国际合作能力、政策预见性、理论联系实践、政策敏感性、见解独立性、政策解读能力、成果说服力、学习能力、学习兴趣、自学能力、协调能力、公关能力、社交能力、表达能力、沟通能力、责任心、成就动机、独立思考、科学思考、宣传意识、客户意识、主动性、工作兴趣、创新意识、调查能力

一、评价指标理论体系

构建人才评价指标体系需要从人力资源管理的起点，即工作分析出发，分析任职者需要具备什么样的条件才能完成该工作职责与任务，并根据工作岗位的任职需要，制定适当的评价制度和评价规范，也可以分析任职者获得成功的重要行为，研究高绩效者取得这些成功行为背后的原因，包括显性特质，如是否具备一定的学历背景、工作经验、外语知识、研究工具等。同时也要分析高绩效者的隐性指标，如个人的成就动机、自我激励、工作态度、责任心等，这也是区别高低绩效者重要的鉴别因素。最后总结这些鉴别性比较强的特征，汇集成胜任力模型。另外，高绩效的产生需要组织做到以下两点：一是要想实现人与岗位的动态匹配、人力资源的最优配置，并且达到组织利益和个人利益的一致，关键是要选对人，把人安排在合适的岗位上，做到人尽其才，才尽其用。二是要用系统的眼光来看待人才评价这个系统工程。在对人才测评、人才配置等因素以及智库专家的特点进行分析的基础上，结合胜任力模型理论和有关工作分析理论，提出理论指标体系。

二、评价指标

1. 显性指标

显性素质评价指标是指要想完成智库研究工作所应当具备的专业知识与经验。但是知识与经验很难直接体现出来，因为知识与经验比较难以测度。本研究用教育培训、工作经验和研究技能三个因素来预测知识与经验。

美国高校的公共政策专业课体系是以培养合格的智库专家为目的，主要分为三大类。第一类是关于研究方法类的课程，包括统计学、统计工具（如 SPSS、

STAT 等)、各类定量研究方法、项目设计、决策分析工具等，是整个课程体系中最基础的课程，另外对定性研究方法也给予了重视，包括社会调查研究方法、宏观经济分析方法和微观经济分析方法等。从中可以发现美国高校对于实证研究的高度重视。国内将公共政策专业划归文科类，主要学的都是些定性的研究方法，导致学生毕业后很难运用定量的研究方法从事政策分析工作。第二类是学科基础理论课程，包括政治学、经济学、金融学、战略管理、人力资源管理、心理学、社会学等。第三类是专业基础课程，包括公共政策分析、国际关系、政策过程理论、政策评估、公共管理等。在这三类课程中，公共政策专业突出实证研究和统计工具的运用，以及决策分析、公共政策评估等核心技能的培养，这充分显示了公共政策对定量分析能力和方法的重视①。

以下对显性维度的重要指标分别进行阐述：

（1）专业领域知识。智库专家掌握知识的水平，决定了他思想水平的高度、智库产品的质量。专业领域知识是开展智库研究的基础和根本，没有专业知识作为支撑，一切研究都是无本之源，哗众取宠。一个合格的智库专家需具备扎实的学科理论基础，受过良好的学科训练，对专业领域的理论知识极其熟悉，有着多年的研究经验，智库专家须是其研究领域的专家，能深刻理解该领域的国内外政策环境，并且知道如何在这样的环境中有效开展工作。

（2）教育背景包括学历教育和海外经历两个方面。学历教育即个人求学的经历，主要包括专科、本科、硕士、博士四级。学历是度量接受教育程度的学习经历，不同的学历背景经历不同的专业知识获取和研究方法的训练；名牌大学刚毕业的硕士和博士往往是美国智库主要招聘的研究人员。比如，美国的兰德公司的研究人员往往会选择那些每年到该公司撰写毕业论文的一些优秀博士。兰德公司的雇员中，86%拥有硕士以上学位，58%拥有博士学位。

（3）海外经历。分为留学、访学、考察。当前世界经济文化交流越来越频繁，国与国的影响越来越大，智库研究必须站在全球的高度，智库专家需要具备开阔的国际视野，而直接的海外经历无疑能得到最直接的国际认识。因而具备海外经历对于智库研究具有天然的优势。留学、访学、考察因时间、要求等不一样，对智库专家的影响也将不同。

（4）工作经验。对工作经验的度量主要指与智库相关的工作时间长度。工

① 张康之. 美国智库建设与智库人才培养［N］. 学习时报，2016-11-24（2）.

作经验是智库专家显性能力的重要指标。美国政府卸任的官员常常会转到智库机构从事研究工作，比如美国对外关系委员会的成员中有数十位曾任国防部长、财政部长和副部长，曾任国务卿的也有 10 多位。

（5）研究方法。智库新观点和新思路的提出，除了现实需求的激发，更需要的是智库政策研究方法的创新①。国外著名智库对政策研究方法的重视程度和开创性的工作，是其之所以成为国际著名智库的重要原因。中国新型智库的多种类型为智库的研究成果的多样性提供较好的基础，但是这种格局也使中国智库在跨学科政策研究方法的融合上缺少应有的发展。同时，由于缺乏政策研究实证意识，智库研究方法的应用主要依赖于各类外部信息或数据，缺少对原始数据的长期收集和分析。政策研究方法的制约会限制中国新型智库的整体研究水平的提高，降低中国智库思想产品的影响力，也会使中国智库在国际话语权的竞争中缺乏对话实力。因此，加强智库专家的研究方法提升，为智库专家发展提供方法论层面的支撑，是智库专家胜任特征中亟待加强的素质。

（6）研究工具。国际政策交流日益频繁，要掌握前沿动态和热点，需掌握各类前沿的研究工具。目前正处于信息网络时代，智库专家需具备计算机与网络办公能力。智库强调对具体领域问题的分析研究，是基于对现实问题的调查研究，运用客观的工具做出理性的分析判断，所提供的是独立客观而不是迎合需求的研究报告。20 世纪 50 年代，兰德公司大力将系统分析的方法应用于政策分析中，美国国防部也在各部门广泛推行项目计划预算系统，使得经济学和运筹学的方法在政策研究领域获得大量应用。因此，运筹学的广泛应用正是得益于智库所大力倡导的系统分析理念。

（7）统计工具。现在正处于大数据时代，用数据说话是其突出的特征，智库最宝贵的资源是数据，因而智库专家的一项重要的基础工作就是如何获取数据、分析数据和利用数据。现代智库研究的核心是基于数据的分析研究，因此没有完整系统的资料和数据资源就没有智库研究②，如果调查不能获取客观的数据，那就不能得出客观的结果，最终也无法获得客观的观点和思想。一些国际著名的智库机构如布鲁金斯学会、兰德公司都极其重视智库专家的统计分析能力，如要求掌握 SPSS 或 SAS 等统计分析软件。

---

① 朱旭峰．中国社会政策变迁中的专家参与模式研究［J］．社会学研究，2011（2）：1－27.

② 王春法．关于好智库的 12 条标准［J］．智库理论与实践，2017（1）：2－7.

（8）外语能力。随着当前智库间国际化的交流越来越多，目前通行的学术交流语言、发表成果的杂志、智库专家被采访的众多媒体使用的语言绝大多数还是英语。如果智库专家只会用中文发表文章，那么只有中国人才能读到他的作品，如果研究成果的受众是国际对象，那么必须是英文的文章，这样出版的英文杂志才能够获得更广泛的读者的认可。

（9）职称。职称是专业技术人员的技术水平、工作能力的重要标志，是专业技术人员的专业技术水平、能力，以及成就的等级综合评判。目前高校教师系列分为教授、副教授、讲师、助教系列，智库研究机构分为研究员、副研究员、助理研究员、研究实习员。但职称评判也存在不同年代、不同机构、不同省份评价标准大相径庭的问题，同样是教授职称，985 高校和职业技术学院相比完全不是一个量级。

2. 隐性指标

许多机构都凭借知识与技能来挑选员工。事实上机构能否有效利用知识和技能的关键与决定性作用是素质构成要素中的隐性部分，这些隐性特征甚至起到决定性的作用；机构如果能够依据潜能与知识、技能来挑选员工，再予以相应的培训和激励，那么对于提升员工素质，改善机构的人事效率才能真正做到事半功倍。正如 Muntari 在著作《松鼠与火鸡》中所言："你也许能教会一只火鸡去爬树，但还是找一只松鼠来得容易一些。"本文将隐性指标概括为两大维度，即能力维度和个性特质维度。以下对隐性维度的重要指标分别进行阐述。

（1）能力维度。根据文献总结及问卷调查，本研究将智库专家一般胜任力的能力维度的特征概括为政策理论、国际视野、政策洞察力、政策解读能力、成果说服能力、科研能力、组织协调能力、社交能力、沟通能力、创新能力 10 项胜任特征。

1）政策理论。政策理论既包括基本的政策学理论知识也包括公共政策。美国著名学者伍德罗·威尔逊认为公共政策是由政治家，即具有立法权者制定的而由行政人员执行的法律和法规。许多学者都将公共政策的目标定位于公共利益的实现，认为公共利益是公共政策的价值取向和逻辑起点，是公共政策的本质与归属、出发点和最终目的。每一个智库都努力在政策分析的客观性和科学性方面去做文章，以求得自身的进一步发展。智库的发展推动了政策科学的成熟与完善。智库专家应了解基本的政策理论渊源和总体走向，熟知相关领域的政策，对国内外政策发展有一定的了解。及时了解国内外前沿动态和热点问题。当前只有对党的十九大的路线、方针、政策有着深度理解，才能对宏观国际政策有着正确和深入的解读。

2）国际视野。在对智库专家的开放式调查中，“国际视野”被选中的频次最多，绝大多数专家认为“国际视野”是智库专家最重要的特质之一，也是目前最需要提升的素质。

当前智库发展的国际化趋势日益明显。全球最有影响力的智库无不重视国际交流，纷纷通过举办国际学术会议和讲座、组织跨国项目研究、在世界各主要国家建立分支机构等方式来拓展海外研究领域和业务范围。如英国的海外发展研究所积极加强与国际货币基金组织的合作交流，使自己关于国际金融问题观点能影响并被纳入国际政策制定中。以国际视野研究问题，推动决策咨询国际化发展，不仅获得了来自不同国家和地区的信息资源，提升了自身的研究实力，而且也增强了智库的国际话语权和国际竞争力。

虽然智库的职能是为决策服务，但不能沦为决策层既有思想政策的传声筒，这就要求智库专家要有宏观视野、超越“当局者迷”，做到“旁观者清”，与决策层相比应站得更高一些，看得更远一些，想得更深一些[①]。张树华认为摆脱“孤立主义”是美国智库出现的原因。因此，许多美国智库自成立之日起便以全球战略为主题，以具体的政治、军事、经济某一领域为重点。近些年来，很多西方智库加强了对于保护环境、全球生态以及国际非传统安全等问题的研究。需要指出的是，这些“外向型”的美国智库其实是同唱一首歌，差别也只是声调不同而已，它们在国际问题、全球话题中基本上是枪口一致对外。美国智库超强的舆论引导能力和议程设置能力表现在全球性议题的研究中，美国智库在美国的全球性的外交中起到举足轻重的地位，提供大量的智力支持，放大了美国的国际话语权。

国际间减少误判、增进相互了解、进而消除舆论抹黑和负面干扰的重要方式是开展双边关系或全球性、国际性话题的对话。近年来由于俄罗斯的经济日益衰退，导致俄罗斯缺少能同国际交流的智库，进而导致西方智库很难了解俄罗斯政府的国际战略和政策走向，由于缺乏国际间通畅对话与沟通，从而导致俄罗斯和西方发达国家尤其是美国互相的不信任和误解。如今对俄制裁和遏制的声音压倒了与其合作与对话的声音，批评俄罗斯成为了美国舆论和智库研究中的“政治正

---

① 欧阳康．论智库与决策层的良性互动［J］．智库理论与实践，2017（1）：92－94.

确”。相反西方很多发达国家通过不同的方式赞助国际知名智库从事各方面的课题研究，从而在无形中增加了本国的影响力。因此，国内智库应致力于弘扬我国和平、发展、共赢的价值理念和国家战略，加大与国际上主流智库的合作与交流，让国内的智库专家走出去，将国外的智库专家引进来，增进了解，提高互信。

人类社会已经进入信息化时代，全球化趋势不可阻挡，作为专门为决策者提供建言献策的智库人才，更应具备国际视野和全球化理念，运用互联网思维观察问题、分析问题、解决问题。目前中国的综合实力越来越强，在国际舞台上拥有越来越多的话语权，随着“一带一路”倡议的提出，因此要想成为“欧洲通”“俄罗斯通”或“阿拉伯通”，就迫切需要培养和造就大批有着国际视野的国际问题学者和智库专家。为提高自身的国际影响力和国际话语权，中国智库要站在全球的高度，具备国际大局观，善于从国际大背景中提出中国方案，在解决国际问题时贡献中国智慧；同时既要敢于研究或评价他国，又要研究和宣传中国思想。

3）政策洞察力。通俗地讲，洞察力就是透过现象看本质的能力，融合了分析和判断的能力，可以说洞察力是一种综合能力。王鸿生将洞察力定义为一种从理性角度质疑和批判的能力，它直接体现为科学的理性思维，充分表现科学批判性思维的能力①。智库专家需深谙国家的政策方针，对公共政策需求敏锐地把握，可以大致预测其所在专业领域政策议题走向。能从与各种各样的政治团体的交流中获取信息。智库专家应善于洞察形势，不应把精力放在外在的形式和技术方法上，而应当重视对政策内容和实质的分析。智库专家要把系统的观念纳入分析中，将丰富的想象力和直觉的观察力运用于多视角多领域的交流中，从而洞察政策的内涵。

如果说信息和情报能力是使得智库专家“先知”，那么政策洞察力则让智库专家“先觉”。政策洞察力是智库专家在一定的时空条件下对政策的获取、理解以及对未来政策的预测能力。智库专家必须主动地基于内外战略环境中的各种信息和情报做出各种判断和预测，并及时分析和研究，提出相应的战略及政策对策。因此，智库专家只有具备时代意识、背景意识和问题意识，同时在占据大量信息和情报的基础上，才能在纷繁复杂的国内外政治、经济、科技、文化环境

① 王鸿生．科学研究中的想象力、洞察力和理解力［J］．科学技术哲学研究，2012（29）：86－90.

中，敏锐地感知外部形势，发现问题，找到方向，从而在各种资源支持下，进一步通过分析和研究，提供科学的预测咨询服务。政策洞察力主要体现在智库专家在对重大突发事件发生临界点或之后，能够迅速为决策者提供科学的、针对性的战略对策和政策方案。

4）政策解读能力。政策解读能力是指理解政策、认同政策并且善于向大众宣传政策的能力。解读政策、认识政策是贯彻落实政策的前提。政策解读的两个方面如下：一是认同政策，即拥护政策要落实到思想与感情上；二是理解政策，即准确、深刻、系统地领会政策的内容和精神①。对所研究问题的深入思考与独到见解，掌握与政治议题相关的知识并能将其运用到研究活动以及大众的宣传教育中。要善于用政策语言撰写研究报告。好的研究报告要分析透彻，观点鲜明，言简意赅，令决策者印象深刻。

5）成果说服能力。智库专家的重要职能是建言献策，使智库与社会各界保持密切的联系，而这种传播与沟通主要是通过文件、报告和论文的形式进行的，研究成果只有具备较强的说服能力，才能真正影响政策制定和大众舆论。这就要求智库专家的成果既要有理论也要有事实，做到图文并茂，有理有据。而目前国内的研究报告多为观点性研究，也就是俗称“我认为”的研究成果，缺少实证类的定量研究，也就是俗称“我发现”的研究成果，将思辨类的定性研究结合实证类的定量研究才能增加研究成果的说服能力。会使用媒体语言撰写文章，能够吸引和引导读者。

传播国家价值理念、凝聚社会共识、引导国际舆论是智库专家的主要工作内容。但要实现以上目的，智库专家就要构建中国特色的话语体系，讲好“中国故事”。话语体系是智库专家对成果的说服风格，既是一种表述方式，又是一种思维方式。话语表达方式直接影响着群众对各项公共政策的理解和把握。不同领域有着不同的话语表达方式，智库政策研究专业性的特点决定了其话语体系有自身的个性和特征。作为政府智囊的智库专家，一要善于、敢于、勇于发表观点，用现代思想、科学方法及时回答国际国内重大理论问题、重要政策问题，及时做好释疑解惑工作；二要善于用简练的语言表达深刻的政策思想，充分考虑大众思维语言习惯，用受众听得懂的语言摆事实讲道理；三要撰写的报告要分析透彻，观点鲜明，言简意赅，令人印象深刻。

---

① 朱广忠．地方政府执行中央政策存在问题的系统分析［J］．理论探索，2000（2）：76－82.

6）科研能力。科学研究能力是指科学研究人员运用科学方法顺利完成科研活动所需要的身心条件①。西方著名智库的专家多受过严格的博士阶段的科研训练，系统掌握了科学研究能力。作为一个智库研究专家，要受过科学的科研训练，掌握基础的研究范式和规范，拥有较强的科研能力，掌握信息收集和整理分析技术，能恰当运用研究方法和工具，具备准确的文字表达能力，能用学术语言进行表述，并撰写规范的学术文章。

7）组织协调能力。互联网时代已经不是个人单打独斗的时代，个人英雄主义已经失去了存在条件，取而代之的是集体主义和团队精神。事实上，当代杰出的智库产品不可能来自极个别聪明的大脑。很多智库思想都是在结合大量智库专家成果的基础上形成的。萧伯纳说过："你有一个苹果，我有一个苹果，我们彼此交换，每人还是一个苹果；你有一种思想，我有一种思想，我们彼此交换，每人可拥有两种思想。"智库作为新思想的发源地和集散地，应该具有最为活跃、最为宽松、相对自由的思想空间，以使各种思想在碰撞中迸射出绚丽的火花，形成思想的"核反应堆"。荟萃众多的高端人才，进行智慧交流，思想碰撞，集思广益，群策群力，最终实现智慧的裂变效应，产生具有预见性的思想产品，以供决策者科学决策、民主决策、依法决策，是当代智库的巨大优势和不懈追求。因此，具有开朗放达、善于沟通、精诚团结的团队精神也是智库专家不可缺乏的基本素质。

8）社交能力。社交致力于构建组织与目标公众之间开放的、双向沟通与相互理解的氛围，在此过程中不断调整自己的态度和行为。具有良好的社交能力的个体常具备较强的同理心、性格外向，能够站在对方角度考虑问题。在社会生活中社交能力强的人会获得显著多于社会性弱的个体的情感支持和稳定联结。智库需要影响党政部门和社会大众，智库专家因此需要一定的社交和公关能力，积极同政策制定者、媒体、大众交往，深入基层、踏上课堂、走进政府，同官员、学者、记者、科研人员等交朋友、多交流，才能发现问题，提出问题，找出对策，从而真正发挥智库的影响力。

9）沟通能力。沟通能力具有跨情景个体稳定性。人们用 70% 以上的时间进行包括听说读写方面的沟通。良好的沟通能力对于任何组织的有效运作有重大关系。研究表明，沟通不良是导致人际冲突的最主要原因，阻碍群体工作绩效的最

---

① 王彩霞．博士研究生科研能力评价指标体系及评价方法研究［D］．成都：西南交通大学，2003.

大障碍在于缺乏有效的沟通，糟糕的人际处理能力会降低团队的生产力，甚至可能会造成优秀人才流失而破坏整个团队。组织成员间需要相互传递信息，组织如果缺乏沟通就无法存在。沟通方面更重要的不仅是信息的传递，还包括意义的被理解。沟通包括两个方面：意义的传递与理解。良好的沟通是信息传递到接收者，接收者所感知到的心理图像与发送者发出的完全一样。

沟通能力根据流向可分为三种：一是自上而下的沟通能力，即管理者与下属间的沟通，如向下属分配任务、介绍工作、告知组织规章制度、激励惩罚等；二是自下而上的沟通能力，员工向上级汇报工作进展，提供信息反馈，建言献计等，很多机构通过各种途径如民主生活会、意见箱、员工满意度调查等方式开展自下而上的沟通；三是水平沟通能力，即同一层级组织内外成员间的沟通。水平沟通在节约时间和促进合作方面非常重要。

根据方法可分为口头沟通、书面沟通和非语言沟通。一是口头沟通，包括演说、个体间的沟通讨论、小组讨论。口头沟通具有快速传递和快速反馈的特点。信息可以在最短的时间里传递。二是书面沟通，包括备忘录、信件、传真、邮件、即时通信、期刊报纸等，具有正式性和可核实性。三是非语言沟通，包括身体动作、说话的语调、用词的重音、面部表情及沟通者之间的身体距离。身体语言传递了两种最重要的信息：一种是个体喜欢另一个人的程度以及对其感兴趣的程度；另一种是信息传递者间相对地位的感知，例如，个体感到比另一个人的地位更高，可能会展示一些身体动作，如双腿交叉或一种懒散的坐姿，反映了一种随意和放松的状态。身体语言补充了言语沟通，当与口头语言结合起来时，常使言语沟通更为复杂和丰富。

智库专家需要信任协作、交流合作，尊重他人不同意见，与委托方保持良好的沟通协作。

10）创新能力。智库创新能力的高低直接决定着智库的产出质量。智库发展实践表明，创新性的词汇、理论和观点往往能比具体的制度设计或者政策建议产生更为持久的影响力。因此，创造符合国际发展趋势及现实需求的新概念、新范畴、新表述，成为智库话语能力提升、谋求国际竞争力的重要手段。许多一流智库得以在国际上保持其话语主导地位，究其原因，就是将创新理念作为智库建设的核心价值，不断地生产出迎合国际发展趋势、反映国际主要矛盾的新词汇、新理论，进而实现引领国际思潮的目的。

（2）个性特质维度。智库专家一般胜任力的个性特质维度特征概括为价值观、责任心、职业伦理、成就动机、工作兴趣、独立思考、宣传意识、客户意识、主动性9项特征。根据文献总结及问卷调查，本研究将西方的组织在20世纪末越来越重视个性与具体工作岗位的匹配，包括人格、价值与组织的匹配。今天的智库机构越来越重视智库专家是否具备灵活性来适应变化的情景，以及是否对组织具有忠诚度，而不仅仅关注是否具备完成具体工作的能力。

1）价值观。价值观是个体稳定的价值倾向，它决定一个人的处事态度和工作动机，指导着个体方方面面的行为并渗透于个性之中，比需要和动机具有更大的概括性。对一个人价值体系的了解能够使组织更深入地了解它的态度。价值观对于智库机构来说至关重要，是了解智库专家工作态度和动机的基础，同时也影响着智库专家对人事物的知觉和判断。智库专家在加入一个组织前，早已形成了稳定的思维模式，包含是非与否的观念，同时还意味着某种政策行为比其他政策更可取，价值观淡化了客观性和理性，具有一定的主观特性。

Super认为价值观是个体努力要达到的目标，可以是心理状态、某种联系或者物质条件①。我国学者张进辅认为价值观对人的思想和行为具有导向和调节作用，能够使其指向特定目标或带有一定倾向性，是人们以自身的需要为尺度对事物重要性认识的观念系统。该定义强调了价值观的认知特点及其对人思想和行为的导向和调节作用②，将价值观界定为一种观念系统。宏观上特定社会的文化体系的核心是价值观；微观上人的世界观的最重要组成部分就是价值观。价值观是个体以自身的需要为尺度对外界重要性认识的观念系统，直接影响人们对工作的情感和行为，对个体的思想和行为具有导向作用，具有跨情境的稳定性。智库专家服务于党政部门，要有一致的价值观，才能提供科学的战略建议和公共政策产品，从而正确影响决策和舆论。

米尔顿·罗克奇（Milton Rokeach）将价值观分为两大类。一是终极价值观，指立项的终极存在状态。即个体愿意用生命去实现的终身目标，如舒适的生活、幸福的生活、自我实现的成就感、和平的世界、美好的生活、人类的自由平等、内心的平静和谐、成熟的爱、社会承认、真挚的友谊、成熟睿智等。二是工具价值观。即个体更偏好的行为模式或实现终极价值观的手段。包括奋发向上、心胸开阔、轻松欢乐、坚持自己的信念、宽容待人、乐于助人、诚实正直、富于想

① Super D E. A life-span, life-space approach to career development［J］. Journal of Occupational Psychology, 1980 (52): 129-148.

② 张进辅. 现代青年心理学［M］. 重庆：重庆大学出版社，2002：255-256.

象、自力更生、善于思考、博爱、独立、顺从、礼貌、负责、自控等①。研究发现不同的人群在罗克奇的价值观上有较大的差异，相同职业或工作类型的人（如公司高管、公会成员、学生、父母）趋向于拥有相似的价值观②。因此，研究智库专家的价值观有着非常重要的意义。组织可用《罗克奇价值观调查问卷》来评估潜在的智库专家，并判断他的价值观与组织的主导价值观是否一致。如果智库专家的价值观与组织价值观相匹配，那么他的工作绩效和满意度会更高。如一个关注个性自由、充满想象力、独立性较强的员工很难适应强调员工高度服从的组织。机构对于与组织价值观融合的员工会更为欣赏，评价更为积极，从而提供更高的上升通道和酬劳。同样，如果员工感觉到自己适合组织的要求，和组织的价值观高度融合，工作满意度会更高。

2）责任心。责任心是个体自觉自发的对所承担任务的一种处事态度，责任心强的人不需要外界的监督，发自内心地去完成承担的任务。大体上包括责任认识、责任感、负责行为。Schlenker 认为责任心是对他人、组织或任务的负责程度，包括法定的责任，以及与组织赋予相应的职责等③。赵兴奎等将责任分为道德义务和分内之事两部分，道德义务主要针对整体的社会文化环境，分内之事主要与个体的社会角色、职业身份等相关联，二者共同构成了个体生活的社会环境④。Singg 的研究表明责任心强的人在各种工作或学习中，有极强的自我控制和自我激励要求，同时表现出高于常人的毅力，对自己有更高的要求，往往也会带来更好的成绩⑤。大五人格模型中，责任心是很重要的维度，谭小宏、秦启文等发现责任感维度对工作绩效有很高的预测效度⑥，智库研究工作服务于党政部门，引导大众舆论，只有具有较强的责任心，才能出色地完成相关任务。

3）职业伦理。实质上就是义务与责任的表现。任何责任范畴的使用都包含着伦理的内蕴，因而责任是人们行为规范的核心。Terry Cooper 将责任分为客观

---

① 斯蒂芬·P. 罗宾斯，贾奇. 组织行为学［M］. 北京：中国人民大学出版社，2008：102－112.

② J M. Munson and B Z. Posner, the factorial validity of a modified rokeach value survey for four diverse samples［M］. Winter：Educational and Psychological Measurement，1980：1073－1079.

③ Schlenker B，Britt T. The triangular model of responsibility［J］. Psychological Review，1994，101（4）：632－652.

④ 赵兴奎，张大均. 责任和责任心的涵义与结构［J］. 检验医学教育，2006（12）：6－9.

⑤ Singg S，Ader A. Development of the student personal responsibility scale－10［J］. Social Behavior and Personality，2001（4）：331－336.

⑥ 谭小宏，秦启文. 责任心的心理学研究与展望［J］. 心理科学，2005（4）：991－994.

责任与主观责任。前者产生于顾客导向所形成的委托关系，以及法律、组织和社会对智库专家角色的需要；这里的责任指的是主观责任，是基于一种信仰、价值观所组成的内在驱动来指导如何去做，即人们对自己的良知、认同与忠诚的信仰。智库专家的责任被划分为两个层面。一是对大众福利和公共利益的责任。公共政策服务于广大民众的集体利益，因而必须能真正地反映民众的真实意愿，同时能真正解决群众所关心的问题。二是对合同委托者的责任。由于政策分析的结论往往关系到政府部门的机密，影响广大民众的权益，在政府部门没有正式发布之前都处于涉密状态。因此，智库专家最基本的道德原则就是为委托者保密。智库专家在发现合同委托者所支持的方案缺乏正面效果时有责任及时将其报告给委托者。智库专家必须超越狭隘的经济分析，能透彻理解公共政策所追求的价值，并善于将这些价值观融入政策分析的目标。

4）成就动机。Elliot 和 Andrew 认为，成就动机强调了成就动机对个体行为的导向和调节作用①，并且代表着以竞争为基础的情感、认知、行为的方向化和激活化。倾向于为自己确立更高的目标或优秀标准的人是高成就动机的人，会不断考虑事情怎样才能做得更好，并能积极主动地投入研究工作中。成就动机的主要内涵是行为的坚持性、目的性和主动性。

成就动机往往对个体工作或学习的结果起到决定性作用，高成就动机的个体对自己的工作目标有较高的期待，并且投入更多的时间和精力以获得工作效果，当个体遇到困难时其会具有坚持性的行为。因此积极主动地投入工作中，促使个体以更高的工作标准来要求自己是高成就动机的必然结果，这同时将直接影响个体能否胜任本职工作。

5）工作兴趣。Krapp 将兴趣分为情境兴趣和个体兴趣②。但在现实生活中，并没有做严格的区分。目前国际上影响最大的职业兴趣理论是由 Holland（1973）提出的，他认为职业兴趣与个体的人格特质有显著正相关，当人格特质与工作环境相适应时，往往会促使个体产生自然积极的情感体验③。职业兴趣可以促使个体克服困难，维持工作行为，Losey（1999）认为胜任力包括个体智力、个体经

① Andrew, Elliot. Approach and avoidance motivation and achievement goals [J]. Educational Psychologist, 1999, 34 (3): 15－20.

② Krapp A. Interest, motivation and learning: Aneducational－psychological perspective [J]. European Journal of Psychology of education, 1999 (14): 23－40.

③ Holland J L. Making vocational choices: A theory of careers [M]. Englewood Cliffs, NJ: Prentice－Hall, 1973: 112－117.

历、个体道德规范和个体兴趣。其中兴趣是决定工作胜任与否的决定性因素之一①。智库专家只有热爱自己的职业，保持对政策前沿动态积极的研究兴趣，才能提出有价值的政策建议。

6）独立思考。美国智库的一个关键性特征就是其独立性，包括财政独立、运营独立及研究独立等。很多智库将独立性标榜为其以生存之本，只有做到不受外界干扰、独立研究、独立思考，其研究成果才能成为未来获取社会资源的筹码。如兰德公司一直坚持不受捐助方、党派等外界因素的干扰，秉承严格客观的研究态度。布鲁金斯学会将“独立性”与研究质量和智库影响力相提并论。威尔逊中心声称自己是美国最重要的无党派政治论坛。皮尤研究中心一直标榜自己是非营利、无党派、无党派倾向的智库。卡托研究所为了保持其“独立性”，甚至拒绝接受政府资助。这些享誉世界的著名智库正因其“独立性”才保证了他们研究成果的客观性和科学性并经受时间的考验②。

智库专家须坚持公正诚信的原则，保持研究的中立，对任何情报来源保证客观真实，坚持相应的独立性和自主性，不为客户的倾向所左右，不受上级意愿影响，做到客观公正。智库专家需具有批判精神，敢于挑战权威，思考的独立性，看问题客观公正，对政治策略合理性作出理性判断的能力，工作求真务实③。

7）宣传意识。在美国调研时中国社会科学院信息情报研究院院长张树华发现，美国智库常常利用自身的网站、杂志、成果发布会、酒会、学术研讨会等形式推广自己的政策研究成果，其实是“王婆卖瓜，自卖自夸”，具有极强的营销意识。近年来美国智库及时通过各种方式发布研究成果、将大量的人力和物力投入到媒体建设和政策宣传上，以吸引并影响社会公众，“黏住”广大网民。有的智库搭建公开讲座平台，开放办“所”，与大众媒体和社会公众进行密切互动。因而这些智库成果的传播和宣传形式对我们具有借鉴意义。

智库专家面向决策者和舆论公众宣扬自己的智库成果以影响公众的思想和行为，并认同智库，以培养潜在的客户，进而形成智库影响力。特别是由于互联网普及所开启的全媒体传播变革深刻改变了传统的公共决策模式，以政策研究 为核心功能的智库专家必须改进政策研究成果的营销方式，着力提升宣传意识。首

---

① Losey M R. Mastering the competencies of HR management [J]. Human Resource Managemnet, 1999 (2): 99-102.

② 关琳，李刚，陈媛媛．美国智库“独立性”拷问［N］．光明日报 2015-06-17（16）．

③ 刘志光．咨询业的职业道德［J］．中国软科学，1994（11）：99-100.

先要守住传统媒体，如杂志、报纸、图书、广播、电视等媒体，通过撰文、专栏、专著讲座等形式来传播和推销智库成果。积极与政策决策部门、舆论大众进行沟通交流，形成自身的影响力。其次要拓展新媒体，新媒体发展具有传统媒介无法比拟的优势，体现在传播多元化、个性化、交互性、快速性、广泛性和全球性等。对于两微一端（微信、微博、客户端）都可以作为智库成果传播平台。

向社会和大众推广自己的思想产品，拓展媒体渠道，加大外宣工作力度是互联网时代智库的需要。智库专家要乐于与政府官员、非政府组织以及媒体打交道。他们应是会议和小团队中优秀的发言人。只有具备宣传意识，研究成果才能快速广泛地发布出去，进而才能积极影响政府及大众，真正发挥智库的作用。既要做好国家科技战略、政策及规划的宣传工作，又要做好本身研究成果宣传和推广工作。通过各类传统及新媒体、研讨会、论坛、公共演说等宣传其研究成果。鼓励智库专家在业有余力时，多到大学讲坛、教育培训机构、高端论坛、电视台，以及各地区不同单位开讲座，鼓励智库专家参加各类学会或智库活动，使之成长为智库专家里的公众人物。

8）客户意识。客户意识体现在愿意满足客户的需求，使产品与服务与客户的兴趣、需要相一致以及努力满足他人需要等方面。服务意识的强弱直接关系到智库的服务质量，而服务质量与智库的生存密切相关。智库专家需充分挖掘并快速响应客户需求，提供可解决客户真正关心的问题的产品，为党政部门建言献策，服务于国家整体战略。研究成果只有得到市场的认可，才能创造出价值。智库产品需用客户理解的语言撰写文章，才能吸引和引导读者。

9）主动性。工作主动性是内在动力的外在表现。是个体在主体意识的积极支配下根据一定的工作要求和岗位要求进行的活动。主动性可以为团队开展政策研究争取资源，及时捕捉社会热点，了解研究的新方向和新问题，是一种多维度看待事物的智力和能力，它体现了一种包容和融通的能力。智库研究是一项积极繁杂的长期系统工作，只有发自内心，主动积极地投入精力，才能产出科学高质的智库产品。

三、评价工具

对智库专家的评价，一般可根据评价特征的不同，选用对应的评价方法。表4－5列出了智库专家的一级指标（包括显性指标和隐性指标）；二级指标（其中显性指标包括：教育培训、工作经验、研究技能；隐性指标包括：专业能力、情商能力、成就动机、学习能力）；三级指标（测评内容）；评价方法（评价工具）。

表4－5　评价指标对应的评价方法

<table>
<tr><th colspan="3">评价指标</th><th rowspan="2">评价方法
（评价工具）</th></tr>
<tr><th>一级指标</th><th>测评维度
（二级指标）</th><th>测评内容
（三级指标）</th></tr>
<tr><td rowspan="3">显性指标</td><td>教育培训</td><td>教育背景
在职培训
海外经历</td><td>履历分析，笔试</td></tr>
<tr><td>工作经验</td><td>与智库相关工作经历职称</td><td>履历分析，背景调查</td></tr>
<tr><td>研究技能</td><td>外语能力、统计能力、研究方法、专业知识、研究工具</td><td>笔试、面试
评价中心技术</td></tr>
<tr><td rowspan="4">隐性指标</td><td>专业能力</td><td>政策前瞻力、政策理论、国际视野、政策洞察力、政策解读能力、政策理论</td><td>笔试、面试</td></tr>
<tr><td>情商能力</td><td>理论联系实践、沟通能力
学习兴趣、协调能力
社交能力、表达能力
责任心、独立思考
宣传意识、客户意识
主动性、工作兴趣
创新意识</td><td>心理测试（16PF量表、投射测试、DISC个性测试）
评价中心技术</td></tr>
<tr><td>成就动机</td><td>成就动机</td><td>心理测试，评价中心技术</td></tr>
<tr><td>学习能力</td><td>学习能力</td><td>心理测试，评价中心技术</td></tr>
</table>

第五章　评价指标测评及权重确定

为了验证本研究提出的智库专家评价指标体系，本研究采用问卷调查法收集数据，并在前述研究假设和理论指标体系基础上，确定初测问卷。具体安排如下：

首先介绍了本问卷的设计过程，先根据上一章的评价指标理论体系，设计出智库专家评价指标体系的初始量表。其次通过样本调查，检验调查问卷的信效度，接着采用项目分析剔除相关度较低的指标。再次运用探索性因素分析法确定三级评价指标，并对各指标赋予客观权重。最后依据样本数据分析的结果，对问卷的排列顺序、措辞等进行修改，最终形成正式的调查问卷。

第一节　问卷设计原则

本研究收集研究数据采用问卷调查法，在问卷的设计中考虑和处理了问卷设计时需要注意的问题，同时为提高问卷的真实性，问卷的问题避免涉及个人隐私。

因为本研究采用的是问卷填写者自我报告的形式，所以可能有称许性反应偏差的存在[①]。本研究采取以下四个措施降低称许性社会偏差的影响：一是使本研究所涉及的概念的定义和操作化测量明确；二是除了胜任特征量表是作者自编以

① 韩振华，任剑峰．社会调查研究中的社会称许性偏见效应［J］．华中科技大学学报（人文社会科学版），2002（3）：47－50.

外，工作绩效采用的是成熟的量表；三是设立验证题，对问卷回答者的认真程度进行验证；四是匿名填写，在一定程度上可减轻这一问题。

第二节 样本

本研究的数据的采集，主要通过各类会议以及邮寄纸质问卷形式进行发放，部分问卷通过网络版的问卷星进行发放，收集全国范围内的各类型智库专家作为研究对象。调查问卷采用李克特（Likert－type）5 分制打分法的方式作为测量指标的度量，让调研对象打分表示对一条陈述的满意程度。5 分表示非常符合、4 分表示比较符合、3 分表示有点符合、2 分表示不太符合、1 分表示很不符合。测量指标均采取主观打分的方式，这种方式可以有效度量不能客观评测的指标，并且对变量的测量也更具有可比性。

智库专家的一般胜任力是指作为一个智库专家应具备各项显性指标（包括教育培训经历、工作经验及研究技能）和隐性指标（包括专业能力、情商能力、成就动机、学习能力），这些指标是作为一个智库专家所需具备的一般性胜任特征，并不细化到某个具体领域的智库。这些一般胜任力指标是有效完成智库工作的基本保证，也是区分优秀和一般智库专家的重要鉴别标准。优秀的智库专家通常能出色地完成交办的任务，有较高的工作绩效。显性指标和隐性指标作为一个系统共同决定了智库专家一般胜任力的意义。

目前尚无合适的测量指标来有效地测量智库专家一般胜任力，本研究采用自己开发的智库专家一般胜任力评价指标体系，来对智库专家的一般胜任力进行测量。

第三节 数据来源

本研究的数据收集方式包括纸质问卷调查，以及部分网络问卷获取（问卷星）。其中对网络问卷获取的数据与纸质问卷数据进行差异检验，结果显示无显著差异，表明网络获取的数据是有效的。

此次调查的时间跨度是2016年11月2日至2017年9月25日。本研究的样本数据时间跨度较长，地域也较广，同时涵盖智库各行业。这一系列的不确定性也会对后期数据的处理带来干扰。因此在进行数据统计分析之前，要对调查数据进行清洗，也就是对不符合要求的数据进行剔除。剔除问卷是否有效的标准：一是剔除受访者不符合实际调查对象的样本4个；二是连续5个以上问题出现相同得分的样本9个；三是回答呈现规律性样本7个，则视问卷为无效问卷。经过数据整理后，共保留有效样本152份。

本研究的样本数据来自北京、上海、南京、武汉、广州、深圳、重庆、成都等地的智库专家，由智库专家自愿作答。最终回收问卷172份，最终收到152份有效问卷。

本研究收集样本的变量主要包括性别、年龄、教育背景、专业背景、海外经历、职称、智库工作年限，具体见表5-1。问卷包括四个分量表，包括隐性胜任力分量表、显性胜任力分量表、工作绩效分量表、智库专家成果影响力分量表。

表5-1　样本构成

特征变量	类型	频率	比例
性别	男	106	0.70
	女	46	0.30
年龄	35岁及以下	36	0.24
	36~45岁	85	0.56
	46岁及以上	31	0.20
教育背景	本科	23	0.15
	硕士	41	0.27
	博士	88	0.58
专业背景	理工	23	0.15
	经济管理	64	0.42
	人文社科	65	0.43
海外经历	无	88	0.58
	访学	33	0.22
	留学	31	0.20

续表

特征变量	类型	频率	比例
职称	教授/正高	55	0.36
	副教授/副高	61	0.40
	中级及以下	36	0.24
智库工作年限	2 年以内	70	0.46
	3～10 年	50	0.33
	10 年以上	32	0.21

第四节　隐性评价指标确定

样本施测完后，要对收集的样本进行项目分析、信度检验、效度检验，确定智库专家评价指标实证模型。

一、项目分析

进行探索性因素分析前，先要对各潜变量的测量条款进行项目分析，也就是对量表的净化（purify），剔除信度较低的条款。目前进行项目分析的主要方法，具体判断标准准则如表 5－2 所示①。

表 5－2　项目分析判断准则

题项	极端组比较	题项与总分相关		信度检验		
	决断值	题项与总分相关	校正题项与总分相关	题项删除后的 α 值	共同性	因素负载量
判断标准	≥3.0	≥0.4	≥0.4	≤量表信度值	≥0.2	≥0.45

在本次项目分析中，首先我们对问卷初测的结果考察三个指标，一是题项与

① 吴明隆．问卷统计分析实务——SPSS 操作与应用［M］．重庆：重庆大学出版社，2010：160.

总分相关程度；二是题项删除后的 α 值；三是共同性。

对于施测的结果，我们首先对问卷进行相关分析，检验项目与各问卷总分的相关，对项目与问卷总分相关系数小于 0.4 的予以删除。分析结果为胜任特征问卷全部项目与该问卷总分相关系数均高于 0.4，故保留问卷 31 个项目。其次采用 Cronbach α 信度系数法，量表整体的信度为 0.961，表明量表符合本研究的要求。因此，本量表不删除条目。对胜任力问卷共 31 个项目的共同度进行分析，全部项目共同度均大于 0.4，因此全部项目予以保留。

二、探索性因素分析

1. 线性检验

净化所有变量的测量条款后，为确认是否可以进行因子分析，要对样本进行巴特莱特球形检验（Bartlett Test of Sphericity）。

通常认为，KMO 在 0.90 以上，非常适合进行因子分析，KMO 在 0.8 ~ 0.9，很适合进行因子分析；KMO 在 0.7 ~ 0.8，适合进行因子分析；KMO 在 0.6 ~ 0.7，不太适合进行因子分析；KMO 在 0.5 ~ 0.6，勉强进行因子分析；KMO 在 0.5 以下，不适合进行因子分析；另外，如果巴特莱特球形检验的统计值显著性概率小于等于显著性水平，可以进行因子分析。依据这一原则，不再进一步分析 KMO 值在 0.6 以下的；KMO 值在 0.7 以上的，应当进行因子分析；对于 0.6 ~ 0.7 的以理论研究为基础，是否进行因子分析应当根据实际情况决定。结果表明数据呈较好的线性，适合进行因素分析①。

由表 5 - 3 可知，检验胜任力量表 31 个条款后发现 KMO 测试系数为 0.823，巴特莱特球形检验的统计值显著性概率为 0.000，两项检验结果均符合进行因子分析的条件。

表 5 - 3 KMO 和巴特莱特球形检验

KMO	Bartlett's Test of Sphericity	df	Sig.
0.823	1453.733	465.000	0.000

① 吴明隆．问卷统计分析实务——SPSS 操作与应用［M］．重庆：重庆大学出版社，2010：217.

2. 特征根方差贡献率

隐性评价指标各因素方差贡献率如表5－4所示。

表5－4　隐性特征根方差贡献率

因素	特征根	方差贡献率（%）	累计方差贡献率（%）
F1	16.402	20.762	20.762
F2	1.958	15.049	35.811
F3	1.602	14.402	50.213
F4	1.178	13.419	63.632
F5	1.141	8.437	72.069

3. 因素载荷

对31个项目采取主成分分析法和正交旋转法。分析项目在各个因素上的分布，结合同一因素上项目题义的相似性和因素命名的科学性，发现抽取4因素最佳，具体见表5－5。

表5－5　隐性关键因素分析

共31个项目	成分				
	1	2	3	4	5
Q9	0.770				
Q17	0.731				
Q7	0.727				
Q8	0.719				
Q12	0.697				
Q15	0.676				
Q18	0.646				
Q16	0.644				
Q13	0.463				
Q20		0.687			
Q21		0.687			
Q19		0.669			
Q22		0.664			

续表

共31个项目	成分				
	1	2	3	4	5
Q36		0.620			
Q27		0.523			
Q25			0.829		
Q23			0.742		
Q26			0.723		
Q24			0.618		
Q32			0.556		
Q33			0.515		
Q35				0.783	
Q34				0.666	
Q28				0.604	
Q30				0.545	
Q6				0.526	
Q29				0.489	
Q10				0.418#	
Q14					0.605#
Q31					0.591#
Q11					0.563#

注：a. 旋转在10次迭代后收敛。b. #表示该项目予以删除。

提取方法：主成分分析法。旋转法：具有Kaiser标准化的正交旋转法。

4. 因素命名

通过对每个因素所含项目进行分析概括，结合问卷结构的具体情况，对5个因素可分别进行如下命名：

（1）Y_1 为抽取的第一个因素，因素1上包括9个项目，它所包括的项目主要集中于专业能力方面，所以我们将因素1命名为“专业能力”。抽取的项目如下：项目7为了解本研究领域的政策渊源和走向；项目8为熟悉国家战略、政策发展、前沿动态和热点问题；项目9为具备开阔前瞻的国际视野，熟悉国际政策；项目12为对政策有着深刻的洞察力，能敏锐把握公共政策需求；项目13为能预测所在专业领域政策议题走向；项目15为对所研究问题具有独到见解；项目16为掌握与政治议题相关的知识，能将其运用到研究中；项目17为对政策能清晰解读，充分发挥解疑释惑、引导舆论的作用；项目18为研究成果（文件、报告、论文）具备较强的说服能力。这样因素1最终包含9个项目。

（2）Y_2为抽取的第二个因素，因素2上包括6个项目。它所包括的项目集中于学习能力方面，所以我们将因素2命名为“学习能力”。抽取的项目如下：项目19为能根据研究需要不断更新知识结构；项目20为对前沿和热点保持强烈的好奇心；项目21为有较强的学习能力；项目36为有较强的创新意识；项目22为能根据项目计划对资源进行分配，协调关系，管理团队；项目27为能尊重他人不同意见，与委托方沟通协作；其中项目22、项目27在本因素有稍高的因素负荷量，从题意上不太适合本因素。但经过比较权衡，将项目22、项目27删除。这样因素2最终包含4个项目。

（3）Y_3为抽取的第三个因素，因素3包括6个项目。它所包括的项目主要是集中于合作沟通、服务特征、客户意识方面，所以我们将之命名为“合作沟通”。项目23为具备较强的公关能力；项目24为能保持与政府、媒体、科研机构积极交流，及时了解信息；项目25为具备一定的表达及演讲能力；项目26为具备应对媒体采访的能力；项目32为善于通过媒体、会议等渠道就成果、政策、社会热点进行阐释；项目33为能充分挖掘并快速响应客户需求，积极建言献策；这样因素3最终包含6个项目。

（4）Y_4为抽取的第四个因素，因素4包括7个项目。它所包括的项目主要是集中于成就特征，所以我们将之命名为“成就特征”。项目6为具备理论联系实践的能力；项目10为熟练的语言文字表达能力；项目28为对本职工作具有较强的责任心；项目29为能确立具有挑战性的目标，积极主动投入研究工作之中；项目30为具有独立思考和判断的能力，不盲从、不偏信；项目34为能积极捕捉社会热点，发现政策研究中的新方向和新问题；项目35为对政策前沿动态具有积极的研究兴趣；其中项目10为熟练的语言文字表达能力的因素负荷值较低，仅为0.418，且从题意上不太适合因素4。经过比较权衡，删除项目10；这样因素4最终包含6个项目。

（5）Y_5为抽取的第五个因素，包含3个项目。项目11为能够在国际交流中对话、阐述观点，开展国际合作；项目14为能从与各政治团体的交流中获取信息，发现政策动向；项目31为能根据客观研究，对政策做出科学理性判断。首先本因素仅包含3个项目，其次这三个项目较难综合为一个共同因素，经过比较权衡，删除本因素，即删除项目 11、项目 14、项目 31。

最后形成的胜任力问卷共包括 4 个因素，25 个项目，见表 5－6。

表 5－6　隐性因素

	项目数	包含项目
隐性指标	25	
Y_1：专业能力	9	Q7、Q8、Q9、Q12、Q13、Q15、Q16、Q17、Q18
Y_2：学习能力	4	Q19、Q20、Q21、Q36
Y_3：合作沟通	6	Q23、Q24、Q25、Q26、Q32、Q33
Y_4：成就特征	6	Q6、Q28、Q29、Q30、Q34、Q35

5. 信度分析

为确定测量的稳定性，应进行信度检验。从表 5－7 中我们可以看出，整个问卷的克隆巴赫 α 系数达到 0.965。Deville（1991）认为 α 系数值在 0.80～0.90，其信度为非常好，由此可以认为该调查问卷有较高的内部一致性。各因素的信度系数也较高，说明各因素的项目保持了较好的内部一致性，所测的内容是同一个概念实体。因此，可以认为问卷具有较高信度。

另外，Tuker 指出，项目与测验总分的相关在 0.30～0.80，可以为测验提供满意的信度和效度。而本研究在问卷项目分析时，采用相关分析法（各个项目与所有项目总分的相关系数），为保证问卷项目的质量，以 0.40 作为区分度指标的临界值。保留的项目与所有项目总分的相关系数在 0.40 以上。这符合 Tuker 的标准，也表明问卷有良好的信度和效度。

表 5－7　各因素（分问卷）的 α 系数

因素	项目数	α 系数
隐性指标	27	0.965
Y_1：专业能力	9	0.939
Y_2：学习能力	4	0.892
Y_3：合作沟通	6	0.900
Y_4：成就特征	6	0.892

三、验证性因素分析

验证性因素分析评价主要考虑两方面的指标：一是模型拟合度。①卡方检验，为减少样本规模对卡方检验的影响，有一个直接与卡方相联系的粗略常规（rough rule of thumb），即如果卡方值与自由度之比（卡方 2/df）小于 5，则可以认为模型按惯例良好；另外卡方检验 P 值不显著，也可认为模型与数据拟合良好。②拟合指数，主要考虑以下几个常用的拟合指数：NFI（Normed Fit Index，常规拟合指标）、NNFI（Non－Normed Fit Index，非常规拟合指标）、CFI（Comparative Fit Index，比较拟合指标）。这几个拟合指标的数值一般在 0～1，越接近 1，表示模型越能说明原始数据之间的关系，模型的拟合度越好。一般认为，拟合指数在 0.80 以上，即可认为模型拟合程度较好（侯杰泰，2004）。二是模型的 RMSEA 值。RMSEA 值的解释标准如下：0 代表完全拟合；小于 0.05 代表接近拟合；0.05～0.08 代表相当拟合；0.08～0.10 代表一般拟合；大于 0.10 代表不相拟合。根据表 5－8 各指标，可以看出模型拟合程度较好。

表 5－8　隐性指标拟合指标

RMSEA	NFI	RFI	IFI	TLI	CFI
0.074	0.979	0.834	0.877	0.94	0.972

四、权重确定

没有重点的评价就不算是客观的评价，智库机构的管理人员、研究人员、行政人员工作重点以及工作内容都不一样。对智库专家进行系统评价，就要对各项显性维度与隐性维度的各特征赋予客观的权重。一般来说，评价目标会决定评价体系中各指标权重的大小。而权重又分为绝对权重和相对权重，绝对权重是指分配给考评指标的分数，通常为绝对数量。相对权重通常表现为相对数量，即百分比或小数等，是指将某个考评指标作为一个单位，总分为所有的考评指标的绝对权数之和，所有考评指标的相对权数相加为 1，常见的权重确定方法有主观经验法、德尔菲法、层次分析法和因素分析法，本文用因素分析法来确定指标权重。

本研究中的一级指标不需确定权重，二级指标的权重根据方差贡献率确定，三级指标的权重根据因素分析法得出，具体操作步骤如下：

（1）二级指标及其在一级指标上的权重确定。由于本研究已经对隐性指标变量做了因素分析，按照方差极大旋转法和特征根大于1的标准提取因子，作为隐性指标初始变量的主因子，四个新因子名称设为Y_1、Y_2、Y_3、Y_4，四个主因子的累计方差贡献率为63.632%。提取的四个因子贡献率见表5－9。

表5－9　因子贡献率

因子	方差贡献率（%）
Y_1	20.762
Y_2	15.049
Y_3	14.402
Y_4	13.419

对这个因子的贡献率作归一化处理，令Y_i的权重为A_i，其贡献率为a_i，根据式$A_i = a_i/(a_1 + a_2 + \cdots + a_n)$（其中$n = 4$）4个二级指标在一级指标上的权重通过计算得到分别为（0.326、0.237、0.227、0.209）。

（2）三级指标在二级指标上的权重确定。根据前面所述，通过因子得分系数矩阵以确定三级指标在其对应的二级指标上的权重，因子得分系数矩阵即为主因子的包含指标的回归方程的回归系数矩阵。对回归系数进行归一化处理，根据公式$B_{ij} = b_{ij}/\sum_{j=1}^{m} b_{ij}$，计算出三级指标在二级指标上的权重$B_{ij}$，所得结果见表5－10。

表5－10　回归系数与权重值

Y_i	X_{ij}	b_{ij}	B_{ij}
$Y_1=0.326$ 专业能力	Q7 政策前瞻力	0.199	0.133
	Q8 前沿敏感性	0.193	0.129
	Q9 国际视野	0.256	0.171
	Q12 政策洞察力	0.153	0.102
	Q13 政策预见性	0.049	0.033
	Q15 见解独立性	0.151	0.101
	Q16 政策理论	0.128	0.086
	Q17 政策解读能力	0.184	0.123
	Q18 成果说服力	0.181	0.121

续表

Y_i	X_{ij}	b_{ij}	B_{ij}
Y_2 =0.237 学习能力	Q19 学习能力	0.282	0.290
	Q20 学习兴趣	0.251	0.258
	Q21 自学能力	0.241	0.248
	Q36 创新意识	0.197	0.203
Y_3 =0.227 合作沟通	Q23 公关能力	0.275	0.204
	Q24 社交能力	0.189	0.140
	Q25 表达能力	0.337	0.250
	Q26 媒体应对能力	0.264	0.196
	Q32 宣传意识	0.150	0.111
	Q33 客户意识	0.131	0.097
Y_4 =0.209 成就动机	Q6 理论联系实践能力	0.202	0.136
	Q28 责任心	0.263	0.177
	Q29 成就动机	0.158	0.106
	Q30 独立思考	0.172	0.116
	Q34 主动性	0.282	0.190
	Q35 工作兴趣	0.410	0.276

五、具体评价指标算例

任选的智库专家 A 的隐性指标各因素得分及综合得分的算例见表 5－11。

表 5－11 智库专家 A 的评分细则

因子	指标	权重	分数	因子得分
专业能力 Y_1	政策前瞻力	0.133	4	2.907
	前沿敏感性	0.129	3	
	国际视野	0.171	3	
	政策洞察力	0.102	2	
	政策预见性	0.033	3	
	见解独立性	0.101	3	
	政策理论	0.086	3	
	政策解读能力	0.123	3	
	成果说服力	0.121	2	

续表

因子	指标	权重	分数	因子得分
学习能力 Y_2	学习能力	0. 290	3	3. 503
	学习兴趣	0. 258	4	
	自学能力	0. 248	4	
	创新意识	0. 203	3	
合作沟通 Y_3	公关能力	0. 204	4	4. 102
	社交能力	0. 140	3	
	表达能力	0. 250	5	
	媒体应对力	0. 196	4	
	宣传意识	0. 111	4	
	客户意识	0. 097	4	
成就动机 Y_4	理论实践	0. 136	4	3. 521
	责任心	0. 177	3	
	成就动机	0. 106	4	
	独立思考	0. 116	3	
	主动性	0. 190	3	
	工作兴趣	0. 276	4	

根据权重确定的算法，该智库专家隐性胜任力综合得分为：$0.326Y_1 + 0.237Y_2 + 0.227Y_3 + 0.209Y_4 = 3.445$

第五节　显性评价指标确定

一、项目分析

对于施测的结果，我们首先对问卷进行相关分析，检验项目与各问卷总分相关，对项目与问卷总分相关系数小于0. 4 的予以删除。分析结果为显性胜任特征量表除项目 Q2、项目 Q58 之外，其他特征与该量表总分相关系数均高于0. 4，故保留问卷 7 个项目。其次采用 Cronbach α 信度系数法，量表整体信度系数为0. 727，高于临界值0. 7，这表明量表满足本研究的要求。

二、探索性因素分析

1. 线性检验

由表 5-12 可以看出，检验胜任力量表 7 个条款后发现，本量表符合进行因子分析的条件，其中 KMO 测试系数为 0.823，Bartlett's 的球形度检验的显著性概率为 0.000，达到进行因素分析的要求。

表 5-12 KMO 和 Bartlett's 的球形度检验

KMO	Bartlett's Test of Sphericity	df	Sig.
0.823	89.779	28.000	0.000

对胜任力问卷共 7 个项目的共同度进行分析，全部项目共同度均大于 0.4，因此全部项目予以保留。

2. 特征根方差贡献率

特征根方差贡献率见表 5-13。

表 5-13 特征根方差贡献率

因素	特征根	方差贡献率（%）	累计方差贡献率（%）
X_1	2.812	37.520	37.520
X_2	1.403	21.700	59.219

3. 因素载荷

对 7 个项目采取主成分分析法和正交旋转法。分析项目在各个因素上的分布，结合同一因素上项目题义的相似性和因素命名的科学性，发现抽取 2 因素最佳，见表 5-14。

表 5-14 显性关键因素成分

	成分	
	1	2
Q1 理论基础	0.297	
Q3 研究工具	0.329	

续表

	成分	
	1	2
Q4 研究方法	0.318	
Q5 统计工具	0.254	
Q54 教育背景		0.522
Q55 工作年限		0.369
Q57 海外经历		0.520

提取方法：主成分分析法。

旋转法：具有 Kaiser 标准化的正交旋转法。

4. 因素命名

通过对每个因素所含项目进行分析概括，结合问卷结构的具体情况，对 2 个因素进行如下命名：

（1）X_1 为所抽取的第一个因素，因素 1 上包括 4 个项目。它所包括的项目主要是集中于专业知识及工具方面。所以我们将 X_1 命名为“知识与工具”。项目 3 为熟练掌握研究工具（如信息分析、决策分析工具等）；项目 4 为熟练掌握本研究领域的研究范式和方法；项目 1 为具备扎实的学科理论基础；项目 5 为熟练掌握统计方法。

（2）X_2 为抽取的第二个因素，因素 2 上包括 3 个项目。它所包括的项目主要是集中于教育阅历。所以我们将 X_2 命名为“教育阅历”。项目 54 为教育背景；项目 55 为从事智库工作年限；项目 57 为海外经历。

最后形成的显性指标共包括 2 个因素，7 个项目，见表 5 - 15。

表 5 - 15　显性因素

	项目数	包含项目
显性指标	7	
X_1：知识工具	4	项目 1、项目 3、项目 4、项目 5
X_2：教育阅历	3	项目 54、项目 55、项目 57

5. 信度分析

从表 5 - 16 我们可以看出，整个问卷的克隆巴赫 α 系数为 0.867。Deville

(1991) 认为 α 系数值在0.80~0.90，其信度为非常好，由此可以认为该调查问卷有较高的内部一致性。各因素的信度系数也较高，说明各因素的项目保持了较好的内部一致性，所测的内容是同一个概念实体。因此，可以认为问卷具有较高信度。

表5－16　各因素（分问卷）的 α 系数

因素	项目数	α 系数
显性指标	7	0.867
X_1	4	0.842
X_2	3	0.815

三、验证性因素分析

根据表5－17的各指标，可以看出模型拟合程度较好。

表5－17　显性指标拟合指标

RMSEA	NFI	RFI	IFI	TLI	CFI
0.069	0.901	0.811	0.971	0.94	0.969

四、权重确定

权重确定的具体操作步骤如下：

（1）确定二级指标及其在一级指标上的权重。由于本研究已针对显性指标完成了因子分析，按照方差极大旋转以及特征根大于1的标准提取因子，提取到2个新因子作为显性胜任指标分别设为 X_1、X_2，该主因子的累计方差贡献率达到59.219%。表5－18为提取的2个因子贡献率。

表5－18　因子贡献率

因素	方差（%）	累计方差贡献率（%）
X_1	37.520	37.520
X_2	21.700	59.219

对这个因子的贡献率作归一化处理，令 X_i 的权重为 A_i，其贡献率为 a_i，根据公式 $A_i = a_i/(a_1 + a_2 + \cdots + a_n)$（其中 $n=2$）。即可求得这个主因子即二级指标在其一级指标上的权重值。通过计算得到2个二级指标在总目标上的权重分别为0.634、0.366。

（2）三级指标在二级指标上的权重确定。根据前面所述，显性指标下的三级指标的权重可通过因子得分系数矩阵来确定。具体可以通过因素分析所得因子得分系数矩阵，对回归系数进行处理，再根据下面的公式 $B_{ij} = b_{ij}/\sum_{j=1}^{m} b_{ij}$。计算出三级指标在二级指标上的权重 B_{ij}，所得结果见表5－19。

表5－19　回归系数与权重值

X_i	X_{ij}	b_{ij}	B_{ij}
$X_1=0.575$ 知识工具	Q1 理论基础	0.297	0.248
	Q3 研究工具	0.329	0.275
	Q4 研究方法	0.318	0.265
	Q5 统计方法	0.254	0.212
$X_2=0.425$ 教育阅历	Q54 教育背景	0.522	0.370
	Q55 工作年限	0.369	0.262
	Q57 海外经历	0.520	0.369

五、具体评价指标算例

任选的智库专家A的显性指标各因素得分及综合得分的算例见表5－20。

表5－20　智库专家A的评分细则

因素	指标	权重	分数	因素得分
知识工具 X_1	理论基础	0.248	2	3.176
	研究工具	0.275	3	
	研究方法	0.265	3	
	统计方法	0.212	5	
教育阅历 X_2	教育背景	0.370	4	2.111
	工作年限	0.262	1	
	海外经历	0.369	1	

根据权重确定的算法，该智库专家胜任力综合得分为 $0.575X_1 + 0.425X_2 = 2.723$。

第六章　智库专家评价指标体系效度检验

第一节　工作绩效量表效标检验

本研究对工作绩效的测量由两个部分组成，分别是任务绩效和关联绩效，关联绩效分为工作奉献和人际便利，任务绩效是指组织明确规定的行为或在组织中与特定作业有关的行为，具体包含保证组织高效运行的各类具体行为，关联绩效由人际促进和工作奉献构成，是指自发性或自愿性行为。具体而言，人际促进是指有利于实现组织目标和有利于人际关系的行为；工作奉献指的是员工的自律行为，在其他学者的研究中关联绩效也有被称为情境绩效。

本研究的工作绩效量表包括任务绩效分量表和关联绩效分量表。任务绩效分量表采用中国台湾学者樊景立和郑伯损针对华人社会的员工设计的量表；关联绩效分量表选用北京大学王辉等研究者修订的 Scotter 和 Motowidlo 的量表（量表中人际便利的信度系数和工作奉献的信度系数分别是 0.89 和 0.93，具有良好的信度）。

由表 6－1 可以看出智库专家评价隐性指标、显性指标与工作绩效 Pearson 相关系数分别为 0.442、0.544，表明具有显著的正相关。进而说明智库专家隐性指标和显性指标均是智库专家评价指标的重要组成部分。

表 6-1　因素之间以及各因素与该问卷的 Pearson 相关

	显性总分	隐性总分
显性总分	—	—
隐性总分	—	—
工作绩效	0.442**	0.544**

注：** 表示在 0.01 水平上显著（$P<0.01$）。

第二节　智库专家成果影响力效标检验

一、项目分析

对于施测的结果，我们首先对问卷进行相关分析，检验项目与各问卷总分的相关，对项目与问卷总分相关系数小于 0.4 的予以删除。分析结果为胜任特征问卷全部项目与该问卷总分相关系数均高于 0.4，故保留问卷 8 个项目。其次采用 Cronbach α 信度系数法，量表整体的信度系数为 0.777 大于 0.7，这说明量表符合本研究的要求。对胜任力问卷共 9 个项目的共同度进行分析，共同度均大于 0.4，因此保留全部项目。

二、探索性因素分析

1. 线性检验

由表 6-2 可知，检验胜任力量表 9 个条款后发现 KMO 测试系数为 0.817，Bartlett's 的球形度检验的统计值显著性概率为 0.000，可进行因子分析。

表 6-2　KMO 和 Bartlett's 的球形度检验

KMO	Bartlett's Test of Sphericity	df	Sig.
0.817	255.381	36.000	0.000

对胜任力问卷共 8 个项目的共同度进行分析，全部项目共同度均大于 0.4，

因此全部项目予以保留。

2. 特征根方差贡献率

特征根方差贡献率见表6－3。

表6－3　特征根方差贡献率

因素	特征根	方差贡献率（%）	累计方差贡献率（%）
F1	5.131	57.016	57.016
F2	0.901	10.014	67.030

3. 因素载荷

对9个项目采取主成分分析法和正交旋转法。分析项目在各个因素上的分布，结合同一因素上项目题义的相似性和因素命名的科学性，发现抽取2因素最佳，见表6－4。

表6－4　关键因素分析

	成分	
	F1	F2
Q62 接受媒体采访	0.820	
Q69 省部级以上课题	0.818	
Q64 成果被批示内参	0.818	
Q61 受邀参加政府咨询	0.673	
Q67 核心期刊文章	0.571	
Q63 省部级以上奖励		0.796
Q60 受邀参加全国性会议		0.770
Q66 官媒发表文章		0.715
Q65 出版图书		0.634

提取方法：主成分分析法。

旋转法：具有 Kaiser 标准化的正交旋转法。

4. 因素命名

通过对每个因素所含项目进行分析概括，结合问卷结构的具体情况，对2个因素可分别进行如下命名：

（1）F1 为所抽取的第一个因素，因素 1 上包括 5 个项目。它所包括的项目主要是集中于对决策层的影响。所以我们将因素 1 命名为“决策影响力”。项目 69 为省部级及以上课题；项目 64 为成果被批示内参；项目 61 为作为专家接受政府邀请参加咨询会议；项目 67 为核心期刊发表文章；项目 62 为接受媒体采访。其中项目 62 和因素 1 的构念不太符合，调入因素 2。因此因素 1 共包括 4 个项目。

（2）F2 为抽取的第二个因素，因素 2 上包括 4 个项目。它所包括的项目主要是集中于“大众影响力”。项目 63 为省部级以上奖励；项目 60 为受邀参加全国性会议报告次数；项目 66 为《人民日报》《求是》《光明日报》发表文章；项目 65 为出版图书。加上调入的项目 62，最终因素 2 由 5 个项目构成。

最终形成的智库专家影响力量表共包含由 9 个项目构成的 2 个因素，见表 6－5。

表 6－5　智库专家成果影响力因素

因素	项目数	包含项目
智库专家影响力	9	
F1：决策影响力	4	Q61、Q64、Q67、Q69
F2：大众影响力	5	Q60、Q62、Q63、Q65、Q66

5. 信度分析

从表 6－6 我们可以看出，整个问卷的克隆巴赫 α 系数达到 0.899。Deville（1991）认为 α 系数值在 0.80～0.90，其信度为非常好，由此可以认为该调查问卷有较高的内部一致性。各因素的信度系数也较高，说明各因素的项目保持了较好的内部一致性，所测的内容是同一个概念实体。因此，可以认为问卷具有较高信度。

表 6－6　各因素（分问卷）的 α 系数

因素	项目数	α 系数
成果影响力	9	0.899
F1：决策影响力	4	0.806
F2：大众影响力	5	0.838

三、验证性因素分析

根据表 6 –7 各指标所示，可以看出模型拟合程度较好。

表 6 –7　成果影响力指标拟合指标

RMSEA	NFI	RFI	IFI	TLI	CFI
0. 081	0. 936	0. 930	0. 935	0. 937	0. 939

四、智库专家评价指标与成果影响力相关分析

由表 6 –8 可以看出智库专家隐性指标、显性指标与专家成果 Pearson 相关系数分别为 0. 633 和 0. 349，具有显著的正相关，进而说明智库专家隐性指标和显性指标均是智库专家评价指标的重要组成部分。

表 6 –8　因素之间以及各因素与该问卷的 Pearson 相关

	显性总分	隐性总分
显性总分	—	—
隐性总分	—	—
专家成果	0. 633 **	0. 349 **

注：** 表示在 0. 01 水平上显著（P <0. 01）。

第七章　智库专家评价指标的应用

本章首先对智库专家评价指标总体情况进行分析，其次使用方差分析对这些智库专家胜任力得分在不同社会统计学变量上的情况进行比较。

第一节　智库专家胜任力的总体分析

本研究共有152名智库专家参与调查，问卷统计了这些智库专家在性别、年龄、学历背景、从事智库工作年限、专业背景、海外经历等维度的信息。从表5-1的样本分布中可以看到，男性智库专家偏多；被调查智库专家年龄集中在36~45岁，总体上属于研究精力最旺盛的年龄；被调查智库专家受教育水平总体偏高，博士学历占一半以上，从学历层面可以发现，国内的智库专家逐渐与国际接轨；近一半的被调查智库专家从事智库工作年限在2年以内，这和2015年两办《意见》发布后，国内新型智库建设掀起高潮，很多机构转型为新型智库，同时各类型的智库纷纷响应而诞生，很多行业的专家学者、卸任政府官员、科研人员等转型为智库专家有很大的关系；约40%的被调查智库专家有海外访学和海外留学经历，这些海外访学和留学人员多具有博士学历；被调查的智库专家中高级职称占较大比重；专业背景上，经管、人文社科类智库专家占更大比重。

为了考察智库专家隐性指标、显性指标各因素得分的基本情况，我们对参加本次调查的152名智库专家在各因素上的平均数和标准差进行了统计，具体见表7-1。

表 7-1 智库专家各因素水平的统计分析

	因素	因素名称	M ± SD	N
隐性指标	Y_1	专业能力	4.132 ±0.631	152
	Y_2	学习能力	4.263 ±0.574	
	Y_3	合作沟通	3.991 ±0.683	
	Y_4	成就动机	4.302 ±0.561	
	总分		4.164 ±0.536	
显性指标	X_1	知识工具	4.091 ±0.633	152
	X_2	教育阅历	2.552 ±0.771	
	总分		3.446 ±0.544	

本研究经文献研究、调查访谈、统计分析，将智库专家胜任力分为隐性指标和显性指标。其中隐性指标包括四个因素：Y_1（专业能力）平均得分为4.132，标准差为0.631；Y_2（学习能力）平均得分为4.263，标准差为0.574；Y_3（合作沟通）平均得分为3.991，标准差为0.683；Y_4（成就动机）平均得分为4.302，标准差为0.561；隐性指标总分为4.164，标准差为0.536。显性指标包括两个因素：X_1（知识工具）平均得分为4.091，标准差为0.633；教育阅历得分为2.552，标准差为0.771；显性指标总分为3.446，标准差为0.544。

问卷每个选项得分为1~5分，以上6个因素平均得分都在4分以上，属于中等偏上的，说明被调查的智库专家对自我的胜任力评价属于良好的水平。各智库专家在各因素上的得分均小于1个标准差，这可能与2015年国内刚刚兴起的智库热，很多智库专家由其他科研岗位转型至智库机构，彼此间的胜任力水平差距不是很大有关，随着智库的持续发展，智库专家间的水平差距将会越来越大。

第二节 智库专家胜任力的人口学差异分析

一、智库专家胜任力的性别差异

对不同性别的智库专家在6个因素上的平均数差异进行方差分析，结果见表7-2。

表 7－2　男女胜任力得分比较

	M ± SD		F	P
	男 1	女 2		
Y_1：专业能力	4.136 ±0.634	4.103 ±0.650	0.030	0.864
Y_2：学习能力	4.221 ±0.568	4.359 ±0.568	0.636	0.429
Y_3：合作沟通	4.014 ±0.589	3.936 ±0.893	0.134	0.716
Y_4：成就动机	4.231 ±0.555	4.47 ±0.54	2.046	0.159
X_1：知识工具	4.048 ±0.667	4.195 ±0.519	0.577	0.451
X_2：教育阅历	2.662 ±0.718	2.284 ±0.841	2.640	0.111

从表 7－2 可以看出，智库专家胜任力各因素在性别上没有显著差异，即男性智库专家和女性智库专家在胜任力各维度上没有明显差异。

二、智库专家胜任力的年龄差异

对不同年龄段的智库专家在 6 个因素上的平均数差异进行方差分析，结果见表 7－3。

表 7－3　不同年龄段智库专家胜任力比较

	M ± SD			F	P
	35 岁及以下	36～45 岁	46 岁及以上		
Y_1：专业能力	3.922 ±0.658	4.156 ±0.587	4.287 ±0.732	0.974	0.385
Y_2：学习能力	4.332 ±0.583	4.240 ±0.637	4.256 ±0.295	0.120	0.887
Y_3：合作沟通	3.796 ±0.803	4.088 ±0.647	3.944 ±0.653	0.792	0.459
Y_4：成就动机	4.250 ±0.529	4.313 ±0.612	4.332 ±0.461	0.069	0.933
X_1：知识工具	3.939 ±0.896	4.149 ±0.537	4.106 ±0.501	0.472	0.627
X_2：教育阅历	2.197 ±0.592	2.574 ±0.785	2.907 ±0.784	2.505	0.092

注：* 表示 $P<0.05$，** 表示 $P<0.01$，*** 表示 $P<0.001$。

本研究将年龄分为三个年龄段：35 岁及以下，36～45 岁，46 岁及以上。一般来说在高校科研机构中级职称及以下多处于 35 岁及以下年龄段，而副高级职称多处于 36～45 岁年龄段，正高级职称多处于 46 岁及以上这个年龄段。另外，由于在一些智库机构，智库专家并未按传统高校科研院所职称系列来评级，因此，本研究并未将职称列入人口学变量差异分析。

从表7－3可以看出，智库专家胜任力各因素在年龄段上不存在显著差异。总的来看，智库专家胜任力各因素在年龄段上没有明显区别。

三、智库专家胜任力的学历差异

对不同学历智库专家在6个因素上的平均数差异进行方差分析，结果见表7－4。

表7－4　不同学历智库专家胜任力比较

	M ± SD			F	P
	本科	硕士	博士		
Y_1：专业能力	4.763 ±0.264	4.037 ±0.760	4.020 ±0.551	4.711	0.0142 **
Y_2：学习能力	4.410 ±0.326	4.204 ±0.773	4.253 ±0.504	0.307	0.737
Y_3：合作沟通	4.288 ±0.478	3.847 ±0.938	3.989 ±0.577	0.967	0.388
Y_4：成就动机	4.416 ±0.324	4.277 ±0.732	4.287 ±0.520	0.165	0.848
X_1：知识工具	3.476 ±0.311	3.897 ±0.696	4.092 ±0.619	2.084	0.136
X_2：教育阅历	2.030 ±0.944	2.06 ±0.467	2.917 ±0.630	11.897	0.000 ***

注：* 表示 $P<0.05$，** 表示 $P<0.01$，*** 表示 $P<0.001$。

本研究将学历分为本科（专科并入本科类）、硕士、博士。

从表7－4可以看出，学习能力、合作沟通、成就动机、知识工具因素在学历上不存在显著差异。专业能力因素在学历上存在显著差异，通过多重比较发现，本科学历显著高于硕士和博士学历。这可能由于本科学历的智库专家多为年龄比较资深的研究人员，而高学历的智库专家多为年轻的研究人员，因此在专业能力上出现显著差异。另外教育阅历因素在学历上存在显著差异，通过多重比较发现，博士学历显著高于本科学历。这可能由于博士学历的智库专家很多具有海外访学及留学经历，因而在教育阅历胜任力上要明显高于硕士和本科学历。

四、智库专家胜任力的智库工作年限差异

本研究将工作年限分为2年以内、3～10年、10年以上。划分依据是：对于很多工作岗位2年以内是不稳定期，3～10年是快速成长期，10年以上是成熟期。对不同工作年限段的智库专家在6个因素上的平均数差异进行方差分析，结果见表7－5。

表 7 -5　不同工作年限段智库专家胜任力比较

	M ± SD			F	P
	2 年以内	3 ~10 年	10 年以上		
Y_1：专业能力	3. 966 ±0. 701	4. 118 ±0. 511	4. 526 ±0. 510	3. 482	0. 048 *
Y_2：学习能力	4. 233 ±0. 659	4. 237 ±0. 543	4. 38 ±0. 35	0. 258	0. 774
Y_3：合作沟通	3. 952 ±0. 771	3. 963 ±0. 701	4. 166 ±0. 413	0. 394	0. 676
Y_4：成就动机	4. 170 ±0. 630	4. 338 ±0. 495	4. 585 ±0. 383	1. 953	0. 153
X_1：知识工具	3. 875 ±0. 701	4. 171 ±0. 462	4. 476 ±0. 492	3. 845	0. 028 *
X_2：教育阅历	2. 110 ±0. 586	2. 623 ±0. 543	3. 486 ±0. 60	20. 295	0. 000 ***

注：* 表示 P <0. 05，*** 表示 P <0. 001。

从表 7 -5 可以看出，智库专家胜任力的学习能力、合作沟通、成就动机、知识工具因素在智库工作年限上不存在显著差异。专业能力、知识工具、教育阅历因素在智库工作年限上存在显著差异，通过多重比较发现，10 年以上工龄显著高于 2 年以内工龄。这可能由于 2015 年两办《意见》发布后，国内新型智库建设掀起高潮，很多智库大量招聘新的智库专家，而智库研究工作需要多年的研究经验积累，刚进入智库行业的研究人员在专业能力上明显低于资深的智库专家。

五、智库专家胜任力的海外经历差异

对不同海外经历的智库专家在 6 个因素上的平均数差异进行方差分析，结果见表 7 -6。

表 7 -6　不同海外经历智库专家胜任力比较

	M ± SD			F	P
	无	访学	留学		
Y_1：专业能力	4. 056 ±0. 741	4. 081 ±0. 421	4. 425 ±0. 513	1. 306	0. 280
Y_2：学习能力	4. 248 ±0. 670	4. 158 ±0. 486	4. 39 ±0. 34	0. 444	0. 644
Y_3：合作沟通	4. 021 ±0. 765	3. 724 ±0. 648	4. 205 ±0. 310	1. 367	0. 265
Y_4：成就动机	4. 299 ±0. 593	4. 148 ±0. 596	4. 517 ±0. 441	1. 142	0. 328
X_1：知识工具	3. 972 ±0. 709	4. 19 ±0. 41	4. 33 ±0. 54	1. 458	0. 243
X_2：教育阅历	2. 045 ±0. 447	3. 03 ±0. 344	3. 556 ±0. 458	56. 209	0. 000 ***

注：*** 表示 P <0. 001。

本研究将海外经历分为无（考察并入此类）、访学（高仿、进修）、留学（海外学历教育）。

从表 7－6 可以看出，智库专家的专业能力、学习能力、合作沟通、成就动机、知识工具因素在海外经历上不存在显著差异。在教育阅历因素上存在显著差异，通过多重比较发现，有留学经历显著高于无海外经历。智库研究需要国际视野，有海外留学经历在语言及视野上明显优于无海外经历。另外有海外留学经历的智库专家在 6 个因素的平均得分上均高于无海外经历者。

六、智库专家胜任力的专业背景差异

对不同专业智库专家在 6 个因素上的平均数差异进行方差分析，结果见表 7－7。

表 7－7 不同专业智库专家胜任力比较

	M ± SD			F	P
	理工	经管	人文		
Y_1：专业能力	4.464 ±0.381	4.080 ±0.723	4.066 ±0.586	1.163	0.321
Y_2：学习能力	4.543 ±0.335	4.172 ±0.473	4.261 ±0.685	1.155	0.324
Y_3：合作沟通	4.252 ±0.511	4.067 ±0.583	3.832 ±0.802	1.254	0.294
Y_4：成就动机	4.709 ±0.402	4.228 ±0.556	4.247 ±0.566	2.273	0.114
X_1：知识工具	4.227 ±0.488	3.978 ±0.741	4.164 ±0.538	0.642	0.531
X_2：教育阅历	2.522 ±0.915	2.518 ±0.819	2.593 ±0.701	0.056	0.946

本研究将被试的专业分为：理工类、经济管理、人文社科。传统上主要将学科划分为文科和理科，但因在智库行业经济管理类背景的智库专家较多，因而将经济管理学科从人文社科类中抽出，单独作为一个维度。

从表 7－7 可以看出，智库专家胜任力的专业能力、学习能力、合作沟通、成就动机、知识工具、教育阅历因素在专业上均不存在显著差异；理工背景的智库专家在 5 个因素的平均得分上均高于经管、人文社科背景的智库专家。这可能是由于理工背景的智库专家在研究工具、研究方法上更接近国际一流智库对智库研究偏向定量化研究的要求有关，同时理工背景的智库专家放弃本专业的基础研究从事智库领域的应用研究，需要具备很强的成就动机和工作兴趣，从而展现出更高的胜任力。

第八章　结论与讨论

第一节　结论

本研究以全评价理论为指导，从智库专家评价的相关要素入手，基于文献计量学、胜任力、人才评价相关理论，运用文献分析法、问卷调查法、定量分析法等，探讨和研究了智库专家评价问题，得到如下研究结论：

（1）明确界定了智库专家的定义、智库专家的分类标准。但也存在一些问题，集中表现在人才界定不太全面、分类标准不够明确、评价方法较单一等方面。

（2）基于胜任力理论，同时根据文献研究和专家访谈调研，将智库专家评价指标体系分为显性指标与隐性指标。通过探索性因子分析将显性分量表分为知识工具和教育阅历两个维度，将隐性分量表分为专业能力、学习能力、合作沟通、成就特征四个维度。

（3）效标关联效度是衡量测验有效性或准确度的一个重要指标，本文通过统计方法构建智库专家成果影响力模型，同时利用成熟的工作绩效量表，作为效标分别同智库专家评价指标进行相关分析，均达到显著相关，说明智库专家评价指标体系是有效的。

（4）基于社会结构范式理论，将专家成果影响分为决策（核心）影响力和大众（边缘）影响力两个维度。

（5）通过因素分析法构建了智库专家人才评价指标体系。其中，创建了由一级指标、二级指标和三级指标组成的智库专家人才评价指标体系，对各指标赋予客观权重，并应用智库专家人才案例进行实证。

（6）对智库专家评价指标总体情况进行分析，其次对评价指标的六大因素在不同社会统计学变量维度上的得分进行差异检验。发现在学历、智库工作年限、海外经历、专业背景等维度，评价指标部分因素存在显著差异。

第二节 讨论

本研究通过实证方法建立了智库专家人才评价指标体系，采集有效样本，利用因子分析法确定指标权重，并进一步得出智库专家评价的隐性指标和显性指标与智库专家成果影响力、工作绩效量表是显著正相关的。

通过文献分析、专家调研、统计分析，我们可以发现，在智库专家评价当中，隐性任职指标和显性任职指标在智库专家评价中均具有非常重要的地位。

将合适的人才匹配到适合的岗位上同时做好激励是人力资源管理的根本任务。随着人力资源管理理论和实践模式的创新及发展，基于胜任力的人才评价机制迎合了当前的发展需求。众所周知，个体成功主要是性格、能力的综合作用。只有具备正确的价值观、积极的工作态度、良好的人际关系才能取得事业的成功。

从本研究的实证过程中发现，智库专家隐性任职资格与显性任职资格在评价资本体系中均具有重要的作用，选拔优秀的智库既要考虑海外经历、学历水平、智库工作年限、外语能力、研究工具等硬性条件，也要考虑是否具备正确的价值观、较强的责任心、较高的自我要求等软性条件。只有软硬一起抓，才能真正地提高智库专家的工作绩效。因此，对于智库机构来说，基于胜任力的人才评价必须着重从分析智库专家的显性和隐性两方面的素质入手，分析导致智库专家高绩效的内在的驱动因素。

一、智库专家评价指标理论体系

从本研究中的智库专家评价指标理论体系来看，学习背景、论文及课题只是智库专家胜任能力结构的一部分。智库专家的胜任能力既包括可以从履历分析得到的教育背景、英语能力、海外经历、职称、工作经验等显性指标，还包括很重要的隐性的胜任指标如政策前瞻力、政策预见性、前沿敏感性、国际视野、表达能力、国际合作能力、政策洞察力、政策预见性、政策敏感性、见解独立性、政策理论、政策解读能力、工作责任心、沟通表达能力、智库成果说服能力、学习能力、学习兴趣、自学能力、协调能力、公关能力、社交能力、媒体应对能力、成就动机、独立思考、科学思考、宣传意识、客户意识、主动性、工作兴趣、创新意识等，需通过各种量表和工具进行测量。

本研究在对全国 30 多个智库专家就“你认为智库专家最重要的特征或特质有哪些?”这个问题进行了前期调研及访谈。对调研中发现的几个重要特征分别进行讨论，具体如下：

（1）“国际视野”是被提到最多的特征，也是目前国内智库专家最为缺少的胜任特征，这个特征与显性特征中的“海外经历”有较高的相关性。随着国际交流不断加快，智库间的国际化交流与合作已成必然趋势。目前国内智库在一些国际重大问题上缺乏影响力，如在人类社会面临的重大共同问题以及未来人类社会的走向等问题上，中国智库的声音还很弱，中国智库在国际社会活跃度还比较低，很难以与国际一流智库相匹敌。从国内目前智库专家的研究成果来看，对外文引用率较低，大多是基于国内的调研或国内文献的互相引用。要具备国际视野需要多方面的知识、能力和经历，首先要掌握较强的外语能力，能熟练阅读英文文献、浏览英文网站，能自由同国际学者交流，同时要有机会经常出境参加会议和访学，进行跨国的学术交流。另外能在国际平台发布中国声音，就需要掌握流利的英文或其他外语。曾有学者在南京大学召开的智库治理论坛中讲到，他去过全球几十个机场，在书报亭找不到一本中国学者的著作，这也就说明中国智库专家的国际声音很弱，国际影响力很低。没有国际声音也就代表没有国际影响力，也就很难将中国文化思想传播出去。针对现状，无论是官方智库还是民间智库均需加大对智库专家国际视野能力的培养，提升外语能力，提供更多的国际交流合作机会。这些智库专家的国际化有明显增长趋势，年轻的智库专家，尤其是海归的智库专家基本能熟练掌握外语，能够做到和国际接轨。如活跃在国内一线的智库专家王丽莉、苗绿、陈定定等。要拓宽智库专家的国际化视野，就要加强国内智库同国际知名智库的交往，同时积极开展重大国际问题的研究。另外缺乏可以和西方独立智库对接，并有着国际影响的独立智库是目前存在的突出问题，以至于难以在非官方渠道上形成有效的交流。面对纷繁复杂的国际政治经济环境，我国在综合国力不断提升的情况下，需要国内的智库为政府如何在国际政治经济舞台上扮演重要角色建言献策，同时还需要新型智库在国际舞台上更好地解读中国的战略方向，避免国家间不必要的疑虑，从而提升国家的软实力①。首先国内智库应注重与国际著名智库建立广泛深入的合作关系，开展交流与研究项目。如清华大学—布鲁金斯公共政策研究中心由美国顶级智库——布鲁金斯学会和中国顶尖大学——清华大学强强联合。致力于为中美两国学者对中国政治经济发展过程中所面临的公共政策问题提供前沿性研究，为中美智库专家和政策制定者提供一个对话与合作的国际化交流平台。同时国内智库经常组织各类学术活动或派员去国际知名智库进行访学，另外需聘请国外智库专家来国内进行交流和研究。其次新型智库应更好地向全球传播我国战略理念，使外国智库能够更好地了解中国。

（2）研究方法是被众多智库专家认为是非常重要的特征。对于国内外智库的研究成果，美国一流智库的成果多用数据说话，研究成果有理有据，实现研究成果让数据说话。大多数智库专家能熟练掌握数据收集及分析工具，很多一流智库在智库研究人员招聘或培训中，明确要求智库专家需熟练掌握 SPSS 或 SAS 等统计工具，目前国内的智库研究成果的定量报告还比较缺乏，多是观点性的阐述。一方面可能是国内信息获取有难度，另一方面可能是国内智库专家在研究方法上并没有完全同国际接轨。因此，中国新型智库机构必须加强对智库专家在研究方法上面的培训。美国著名智库专家雷蒙德·斯特鲁伊克在其《完善智库管理》中提到，美国的智库机构会对新入职政策分析师进行系统的研究工具的培训，如机构内的软件系统、统计软件包（如 SPSS、SAS）、高水平 PPT 的制作，以及如何撰写政策简报和日志等的培训②。

（3）服务意识也被众多专家认为是优秀智库专家的重要特征。智库专家的职责本身就决定其为思想产品的提供者，为党政部门建言献策，为大众舆论提供思想观点，如果缺少服务意识，搞不清楚“消费者”是谁，或者智库产品得不到“消费者”的需要和认可，其智库产品本身也就失去了真正的实用价值。目前，国内的智库机构很多依附于高校，对智库专家的评价多参照科研人员的评价指标体系，以发布论文和申请的课题数量和质量决定其职称和晋升，这就导致很

① 王秋波．国外智库建设的启示［N］．学习时报，2016－08－29.

② 雷蒙德·斯特鲁伊克．完善智库管理［M］．李刚等译．南京：南京大学出版社，2016：83.

多智库专家以职位晋升的成果为研究目标，以项目评审专家为“消费者”，导致研究成果只有学术价值而不具备现实价值，得不到政府部门和舆论媒体的认可。因此要打通媒体、政府决策层与智库专家之间的沟通渠道，扩大同党政机关、媒体等各部门的交流，服务好政府部门、舆论媒体等真正的“消费者”。

（4）宣传意识是调研中发现的重要特征之一。目前是网络时代，智库专家要扩大自己研究成果的影响力，就需要拓宽宣传渠道，既要让决策部门、同行专家了解即时观点，也要让更多的社会大众听到声音，目前国内很多智库专家都积极接受各大媒体的采访，在热点事件上发表自己的看法，同时利用自媒体平台如微博、微信发布宣传自己的研究成果。如陈定定教授在今日头条上有非常大的影响力，对国际国内时事发布评论，很多文章有几十万甚至上百万的阅读量。随着国际政治经济格局的深度调整，智库国际竞争日趋激烈，提升本国智库国际宣传能力成为许多国家在国际范围内实现政治突围、争夺意识形态领域主导权的重要手段。宣传全球化已经成为不可阻挡也无法回避的国际潮流。智库专家如果不能及时融入国际传播体系，将失去在国际传播市场与外国同行同场竞技的机会，也意味着失去国际话语权和舆论竞争权。在世界各国智库竞相涌上国际传播舞台的情境下，如何提升智库专家的国际宣传能力成为新型智库面临的重要命题。

（5）政策解读能力也是智库专家重要的特征之一。国务院发展研究中心陈波提出智库专家提高政策解读能力的八大原则。一是恪守“帮忙不添乱”的原则。研究人员跟媒体打交道要始终本着“帮忙不添乱”的原则，应当站在中央政府立场上去解读政策。政策不可能兼顾所有人的利益，因此要强调正面，强调成绩，强调正能量，传播主流声音，不应过分凸显问题而令公众丧失信心。二是认识自身研究局限性。每个人都不可能是“全才”“通才”，因此务必要认识到个人研究领域的局限性，对于自身有深入研究的领域，可以通过媒体将自己对政策的正确理解传达给受众，有把握的东西可以从事实的角度出发，言之有据、言之有物，这样观点才能立得住；但对于未经深入研究的、不熟悉的领域，要认真求证，不能随便接受采访，更不能臆测妄谈。三是抓住重点，认真准备。接受采访态度要认真，积极准备。一个问题往往牵涉各方面因素，对于电视媒体的现场采访，要学会利用有限的时间，把握重点，务必事先要有准备，从而能在采访现场按照自己的逻辑与见解有条不紊地推出去；对于平面媒体，建议采取事先拟提纲的做法，可以起到组织语言、预先应对的效果，并应在报道刊发前谨慎把关，如有不妥，要及时提醒其修改。四是区分媒体，甄别对待。媒体大概分为两类，一类是央视、《人民日报》、《光明日报》、《经济日报》等主流权威媒体，如有不妥也会严格把关；但还有一类市场上的媒体，喜欢抓住发言中的漏洞，做成吸引眼球的标题，从而无限放大，甚至断章取义，语不惊人死不休。对于两类媒体要甄别对待，尤其是对于后者，从开始就要认真对待，说话要谨慎，不能过头。五是注意形象，举止得体。接受媒体采访，要注意形象得体，朝气蓬勃，动作放松自然，幅度不宜过大，但亦不能过于关注自己，尤其在接受电视媒体采访时，要避免下意识找镜头的做法。六是善于表达，张弛有度与媒体相比，长期做专业研究的人员更知晓问题关键环节所在，无论在知识和认识上都更具优势，故而不必过分紧张，要做到自信、自然、有底气，表达时要抓住重点。态度不卑不亢，张弛有度。同时，研究人员做政策解读的表达能力要不断提炼，善于驾驭和把握节奏，要精简而不啰唆；发言要力争精彩，具备一定的感染力。七是引导话题，弘扬主题。讲话要把握好专业研究人员和媒体的差别。媒体的语言比较活跃，而研究人员则应思路清晰，可以将语速尽量放缓，娓娓道来。如遇采访者插话，要避免受其影响，学会跟媒体互动，不要被牵着鼻子走，维持自己原先设想的思路，努力将最准确的、最想说的观点表达出来。此外，有别于一般媒体，中心研究人员要站在政府的角度，要多看成绩，尽量从积极角度去解读政策、弘扬主题。八是相互理解，相辅相成要处理好与媒体的关系，两者之间并非对立而是一种相辅相成、相互促进的关系。要相互理解，语气委婉，力求让媒体的报道更加客观准确。如今媒体人员更新换代速度迅猛，平时要留心积累一些熟悉的记者资源，建立联系，这样双方彼此了解，把握较为准确，沟通效果也会提高①。总的来说，对于智库专家首先要知晓和了解政策历史背景；其次要把握政策实施的连续性和时效性；再次要将不同历史时期与当前政策实施比较；最后要将国内外政策进行对比分析。

二、智库专家评价隐性指标

利用探索性因素分析确定二级评价指标，因子分析法确定各指标权重。从得到的权重系数大小，说明了人才素质的影响因素程度。通过验证性因素分析，发现了整个智库评价指标体系间的影响程度及体系设置合理，具有一定的科学性。评价方法的综合运用，使得人才评价的公正性得到了加强，使测评结果比较容易

① 陈波，俞江月．智库青年研究人员如何提高政策解读能力［N］．中国发展观察，2014－12－05.

符合实际情况。

（1）隐性指标中，“专业能力”因素的方差贡献率最高，权重为0.32。说明具备政策分析领域基本能力是智库专家胜任的最基本特质。具体指标权重中，“国际视野”的权重最高，为0.171，这和一开始专家访谈的结果相一致，说明是否具备开阔的国际视野对于是否能成为优秀的智库专家具有一定的鉴别度。其次是“政策前瞻力”和“前沿敏感性”，主要是对政策的预判能力，权重分别为0.133和0.129。著名的美国兰德公司做过很多预测性研究，情报产品在提出时并没有被重视，后经过很长时间才被证实正确。这些准确的情报产品为兰德公司在全世界咨询业中建立了自己的信誉。目前国内的智库专家关于国内国际政策的预见性研究成果较少，对很多政策的评论都是“事后诸葛亮”，甚至是屡判屡错，如某些军事评价专家关于国际时事的预判往往单打独斗，对于政策事件的预判往往靠自己的主观推测，并没有团队合作或经过严谨的决策分析，这也导致很多智库专家很难在决策核心层和舆论大众层产生较大影响力。

（2）“学习能力”因素，权重为0.24。学习能力中4个指标权重比较均衡。信息时代，国内国际政策在不断变化发展，要抓住政策的脉搏，就需要不断地学习，了解最新的国际国内前沿动态，掌握最新的研究工具。

（3）“合作沟通”因素排行第三，权重为0.227。在合作沟通因素中，公关能力指标权重最高为0.204，这和目前的智库现状是吻合的。在国内，一方面是决策部门需要更多的智力支持，另一方面是智库希望将自己的研究成果为政府决策和社会发展做出更多的贡献，二者间存在很多的共同目标，但由于信息的不对称和沟通的不顺畅，造成了大量智力资源的浪费。智库专家的价值体现在为政府决策和社会大众提供思想产品，只有提升自身公关能力，加强合作沟通，积极与决策部门合作交流，才能了解决策机构的需求并取得合作，同时只有加强与媒体的合作交流，才能发出声音，扩大思想产品的影响力。目前在国际交流上，外交、世界经济、国际金融的学者中外智库交流合作最多。这首先是研究本身的需要，因为这批智库专家大多英语水平较高，很多是海归，与海外智库专家的交流自然很多。然而在其他领域，如偏重于国内政治经济、社会人文等智库交流合作就少很多。

（4）“成就动机”因素，权重为0.209。一个优秀的智库专家需要具备各方面的素质，既要有坐冷板凳搞科研的热情，又要具备走出去搞调研的热情，如果没有一定的成就动机，就很难有持续的热情从事智库研究。该因素中“工作兴趣”权重最高，为0.276。兴趣是最好的老师，也是最好的工作动力。智库管理中要努力提升智库研究人员的工作兴趣，爱岗才能敬业。

三、智库专家评价显性指标

本研究利用问卷收集数据，利用项目分析清除区分度不高的项目。其中“外语能力”“职称”在项目分析中，与显性总分相关系数均低于0.4，表示该题项不适合放在胜任力显性指标中，这与当初的理论设置有一定差距。外语能力区分度较低的原因，从调研来看，与国内的智库专家对英语工具的运用普遍不高、国际交流较低有很大关系，同时和国内智库专家的背景、经历及智库研究导向都有很大关联。职称区分度不高的原因，可能在新型智库建设刚刚起步，在研究经验、研究工具和方法的掌握上，年轻智库专家和资深智库专家的差距不是很明显。

（1）显性指标中，“知识工具”因素的方差贡献率最高，权重为0.58。其中研究工具权重最高，为0.275。从国外著名智库对研究人员的选拔可以看出，熟练掌握研究工具是成为一名合格智库专家的重要条件，如统计分析工具，决策分析工具等。兰德十分重视研究工具的掌握，认为数据和信息是研究分析工作的关键，为了确保研究分析工作建立在坚实的数据和信息的基础之上，非常注重应用各种先进的定量分析工具。在目前大数据的背景下，各类平台、数据库提供全方位的数据可供分析。只有熟练掌握各类统计分析工具，才能有效地利用大数据资源，得出定量的智库报告。

（2）“教育阅历”。教育阅历包括教育背景与工作经验，一个人的教育背景、工作经历对其未来工作绩效具有很强的预见性。“教育阅历”因素的方差贡献率为0.425。其中教育背景权重最高，为0.522。智库研究是以国际国内战略问题和公共政策为主要研究对象、以服务党和政府科学民主依法决策为宗旨，因此智库专家的教育及经验需与国际国内战略问题和公共政策紧密相关。“海外经历”排名第2，权重为0.520。在全球一体化的背景下，只有站得高，才能看得远，国内政策的建言献策离不开全球的大背景，拥有海外经历能增加国际交流机会，拓宽智库专家的政策视野，增加智库间交往互信。“工作年限”排在第3位，权重为0.369。拥有丰富的工作经验，尤其是政策制定经验，才能提供科学和前瞻性的政策建议。目前国内的智库专家普遍缺失政府政策制定经验，这与美国的智库专家很多具有丰富的政府工作经验有一定差距。“旋转门”机制是美国智库人才的一个重要特点。美国的智库、高等院校与各级政府间有着顺畅的人才流动通道。每次大选，新政府会从各大智库选拔各类智库专家进入政府任职，如奥巴马上台后，任命美国大西洋理事会主席琼斯为白宫国家安全顾问，任命布鲁金斯学会智库专家莱斯为美国驻联合国大使等。与新政府上台相对应，卸任的旧政府的大批官员又旋转到各类智库从事政策研究，如副国务卿斯特普·塔尔伯特卸任后就任布鲁金斯学会主席，国务卿奥尔布赖特退休后任新美国安全中心董事，美国前国务卿赖斯任斯坦福大学的教务长，并进入该大学的胡佛研究所担任研究员。目前在国内一些地区已形成了很好的旋转门机制，如东中西部区域发展和改革研究院从全国范围招募兼职研究人员，这些兼职研究人员包括熟悉政府决策与运作、了解国际经济形势的卸任政府官员，大型机构的高管等精英，现已达200多位。

第三节　研究不足与后续研究

在当前智库快速发展的环境下，对于智库专家的评价具有很强的理论价值和实践价值。本研究试图尽可能系统完整地收集智库专家胜任的各条目，并获取更多的样本数据，但数据的获取存在诸多困难，仅做了初步研究，还存在一定的问题，希望本课题给后续研究者做好铺垫，对智库专家评价进行深入研究：

（1）本研究数据获取采取问卷调查，数据采集存在一定的主观性。如显性指标可采用填写客观数据的形式，后期对于智库专家成果影响力可获取相关客观数据，如个人网站、微博、微信、论文及书刊被引等客观数据。

（2）完善智库专家评价指标体系。本研究所构建的智库专家评价指标体系建立在调查问卷的数量、样本对象和评价方法的基础上，随着未来扩展样本对象和样本数量，比如具体到各类智库，如高校智库、党政智库、社科院智库等，随着评价方法的改进，本文所得出的智库专家评价指标体系也需要相应完善。

（3）实现智库专家评价指标的自动获取功能。目前由南京大学中国智库研究与评价中心与《光明日报》智库研究与发布中心共同开发的CTTI（中国智库索引）子系统收集全国各类智库专家的基础数据，已实现评价指标的自动获取和分析功能，可进一步优化评价指标的算法。

第九章　提升智库专家胜任素质的路径

原中宣部部长刘奇葆在国家高端智库理事会扩大会议上强调高端智库要深入学习贯彻习近平总书记系列重要讲话精神和治国理政新理念、新思想、新战略，突出“出成果、抓运行”两大任务，着力提高研究质量，着力创新体制机制，提升服务中央决策能力，打造真正意义的“智库国家队”。服务中央决策、服务党和国家工作大局，是高端智库的核心使命。要充分发挥智力密集、人才密集优势，深入开展重大理论问题和重大现实问题研究，更好地承担咨政建言、理论创新职责。要探索建立智库与决策部门对接机制，把党政部门政策研究同智库对策研究紧密结合起来，实现良性互动、供适所需。要积极开展智库对外交流，在国际舞台亮相发声，讲好中国故事、传播中国声音。要深化体制机制创新，探索形成符合决策咨询规律、体现智库特点的管理运行机制，为建设新型智库发挥先行先试作用。要加强统筹协调和宣传引导，为智库健康发展创造良好社会条件。以上奠定了中国特色新型智库的发展方向，也指明我国智库专家的素质提升路径。

针对构建智库专家评价指标体系，以及构建智库专家成果影响力模型中发现的问题，结合国内外研究成果和观点，按照人力资源管理选拔、培训、绩效管理的模块提出优化路径。

第一节　多渠道选拔智库专家

发达国家智库大都认为智库专家是提高其竞争力的最核心因素，在人员选拔上通常注重学术造诣、研究能力和实践经验，同时注意学科背景、学历、年龄、政治宗教信仰的多样性和结构的合理性，以实现智库观点的平衡和研究成果的科学性。如德国的智库一般采用公开招聘的方式吸纳贤才，加入智库的人员都要求拥有某专业的专家资格；美国的智库除招揽全球性高素质人才外，还注重通过“旋转门”的作用，促进学界和政界、知识和权力有效地结合与充分地交流。公开的招录制度、竞争的考核聘任制度和通畅的人员交流机制，扩大了智库人员的来源渠道，蓄积了广泛的人才资源，为提高研究水平、提高智库影响力奠定了基础。

以美国为例，智库人才来源渠道多元化，包括刚毕业的硕博士研究生、政府卸任的官员、高校学者、商界精英和其他智库的专家等，并且在各类人才的选拔与任用机制上相当灵活。

具体来讲，美国智库人才选拔与任用有两大特色。第一大特色是通过实习生制度，选拔高校优秀毕业生。如兰德公司设立了专门管理部门从事实习生招募、培养和管理工作，每年都会选择一些优秀的博士到该公司实习，实习表现优异的人将成为兰德公司未来的研究人员。胡佛研究所的研究项目都设有研究实习生的职位，为项目研究提供最为基础的研究资料和数据。

第二大特色是众所皆知的“旋转门”机制，智库一方面吸纳政界、商界、学界、新闻界精英进入智库工作，如美国对外关系委员会的成员中曾任国务卿的有十多位，曾任财政部长、国防部长和副部长的也有数十位。通过“旋转门”机制，具有丰富的政治阅历、了解政治现实的政府官员卸任后成为智库学者，既有助于产生有实际价值的研究成果，又能够提升智库在政策领域的公信度。每次党派轮流执政，智库人才与政府官员之间就有一次“旋转”交流。进入智库后，前政府官员可以继续进行政策研究和理念传播。由政府官员成功转型为智库研究成员的例子有很多，克林顿第一任期内的副国务卿斯特普·塔尔伯特，就任布鲁金斯学会主席；第二任期内的国务卿奥尔布赖特曾任职于国家政策中心，现任新美国安全中心董事。美国前国务卿赖斯在结束自己政府工作生涯后，回到原先所在的斯坦福大学，担任了斯坦福大学的教务长，并进入该大学的胡佛研究所担任研究员。布鲁金斯学会的200多名研究员中一半以上具有政府工作背景，其中担任过驻外大使的就有六位。另外，通过外聘、访问学者、工作小组、项目合作等方式，从高校、企业和其他智库，聘请学界专家、业界精英到智库兼任，提高智库影响力。如彼得森国际经济研究所的顾问委员会吸纳了诸多政、商、学各界外国高层。胡佛研究所80%以上的研究人员是在斯坦福大学其他院系担任不同职称的教师，研究所还通过访问学者、工作小组等方式聚集相关领域内外不同学科背景的专家开展合作研究，所外专家比例高达50%，大大提高了研究所的研究能力。美国大部分的智库在人才队伍构建上坚持专兼结合的原则，采取灵活的用人方式，保持一定的人员流动性，确保人才队伍的生机与活力。另一方面，智库又大量输送人才到政府任职。由智库研究人员成功转型为政府官员，如基辛格在哈佛大学国际关系研究班和对外关系协会效力多年后出任尼克松的国家安全事务助理，布热津斯基从国际战略研究所进入卡特政府内阁，而布鲁金斯学会的斯特普·塔尔博和劳伦斯·林赛则分别出任了克林顿政府的常务副国务卿、总统特别助理，小布什政府的总统经济顾问。小布什政府中也有很多来自智库的高官，如前任国家安全事务助理、前任国务卿康多莉扎·赖斯来自胡佛研究所，前美国贸易代表及前国务卿、现任世界银行行长罗伯特·佐利克来自国际战略研究所，前国务院政策设计办公室主任理查德·哈斯来自布鲁金斯学会。奥巴马政府的国家安全团队中，就有多名智库研究专家，其中美国大西洋理事会主席琼斯就任白宫国家安全顾问一职、国家亚洲研究局国安部门主任布莱尔出任国家情报总监、布鲁金斯学会研究员莱斯则接任美国驻联合国大使等。而在亚洲事务方面，从白宫的东亚顾问李侃如到现在的李成都均是出自智库的研究人员。

在英国，研究人员是受人尊重、社会地位较高的社会群体，既有来自在野党的政党领袖和官员、大学的教授、企业家，还有刚毕业的博士生、退休的公务员等。只要对问题有独到见解，不论是何种背景、何种身份和何种信仰的人，都有可能成为智库的研究人员。那么，中国特色的新型智库建设也要打通“旋转门”，建立自己的旋转门制度，打开智库研究人员输往政府的流动通道。政府部门应向智库研究人员开放相关专业性岗位或临时性岗位，通过公开选拔等方式选拔具有专业能力的人到领导岗位任职；鼓励科研机构专家学者、企业研究人员、政府部门资深工作人员相互兼职工作；鼓励青年研究人员到智库从事专门研究工作，要让智库工作经历成为研究人员从事其他工作的宝贵财富，从而带动更多青年研究人员参与到智库研究工作中，使“旋转门”成为智库战略储备和人才储备的蓄水池。关键是要培育一批有国际影响的智库人才，提高智库开放程度，提升研究人员国际视野和研究水平。

目前在国内一些地区已形成了很好的旋转门机制，如东中西部区域发展和改革研究院充分吸收离职官员、企业高管等熟悉政府决策与运作、了解国际经济形势的高层管理精英，通过大项目和大课题，集聚省区市具有丰富实践经验和领导经验的党政干部，充实智库研究队伍，目前全国各地有兼职研究人员200多位。

第二节 引入评价中心技术

目前主流的人才选拔机制采用履历分析和面试相结合的方式。这种模式的一大缺点是无法考量胜任力的隐性特质，而从智库评价指标与智库专家成果影响力的相关性来看，胜任力的隐性指标与工作绩效以及成果影响力具有显著的相关性。智库专家的学习能力、沟通合作能力、成就动机、服务意识、工作积极性等是很难通过履历分析及面试来科学的测量。

评价中心方法的客观性和科学性，使它具有较高的预测效度，因而能广泛适用于各种人员的测评，服务于各种人力资源管理职能。评价中心的各方面优点是其过去30多年来保持成功记录的主要原因①。评价中心作为人才测评的高端技术，一般适用于中高级人员，尤其是高级科研管理人员的选拔。近年来，我国政府部门和许多企事业单位也相继采用评价中心的方法选拔人才。评价中心因其自身的科学性和较高的预测效度，深受人们的青睐②。评价中心使用多种测评技术对人才进行甄选，以行为观察为主、以心理测验为辅。行为观察主要包括公文筐测验、无领导小组讨论、管理游戏、角色扮演等情境模拟测试。心理测验通常采用智力、能力和个性测验。由于综合使用多种测评技术，得以考察智库专家各方面的能力品质。

因此本研究对于智库专家评价指标体系的部分指标的测量，引入了评价中心技术，具体是由多个主试采用多种测评方法和多种情景模拟对被试的岗位胜任能力进行测试。

第三节 加强智库专家培训

从各方调研来看，目前智库专家多方面的能力与国际一流智库专家还有较大

① 梁开广，邓婷，许玉林，付亚和．评价中心法在评价中心管理潜能中的应用及其结构效度检验[J]．应用心理学，1992（4）：50－57.

② 殷雷．评价中心的基本特点与发展趋势［J］．心理科学，2007（5）：1276－1279.

的差距。如英语能力在开放式访谈中被智库专家一致认为是非常重要的能力，但在实际调研中此项目的鉴别力极低，缺乏区分度，和当初的理论假设存在一定差距。这可能说明，目前国内智库的国际化程度还较弱，真正实现国际交流的智库专家还比较少。另外，目前国际上的主流智库机构，在选拔智库专家，多对统计工具（如 SPSS、SAS 等）、决策分析工具有一定的要求，要求智库报告有理、有据、有数据，但目前国内绝大多数的智库包括还多属于观点性阶段。这就需要加大对智库行的培训，缩小与国际一流智库的差距。

智库依据自身的定位，新入职员工的情况和提高智库员工水平的需要，确定培训需求。员工的离职、更替或者智库的扩展导致很多智库经历了严重的人员流失，尤其是初级研究员、行政人员的流失。因此，智库必须花费大量时间为新员工提供在职培训（即熟练员工向新员工培训智库有关文件撰写、档案统计分析、客户工作以及机构信息系统等方面的制度）。为了提高培训效率，可指派一名有经验的员工同时指导若干名新员工，而不必为每个新员工分别指派一位有经验的搭档。

与提高工作效率及员工满意度一样，连续的员工培训也很重要。诸如个别指导、自学兴趣小组、内部项目研讨会以及介绍最新软件的 IT 部门会议等方式，都会在员工培训中发挥作用。而让员工参加外部短期培训或大学课程也是一种重要的培训方式。

员工技能培训的机会很多。许多新研究员并不擅长政策分析和项目监管及评估，而这些技能恰恰又是大多数智库所需要的。对于大多数新研究员而言，他们使用数据分析软件的经验很少，比如 SPSS 和 SAS。行政人员和研究员可以通过同事的指导逐渐锻炼自己的能力，但这种单独指导的方式效率不高。同事并不总是有时间去详细解释，他们所做出的解释并不如最优答案那样彻底，同时也不是所有的同事都可以解决出现的问题。为了避免浪费资源和打击员工积极性，智库管理层必须仔细思考如何最好地协调内部培训和外部培训的关系。

笔者参与翻译的《完善智库管理》列举了针对行政人员和政策分析师的培训项目。员工培训包括正式培训和多种形式的在职培训（OJT），智库应采取多种方式鼓励有效的在职培训，如组织结构化的正式培训。表 9 - 1 列出了政策分析师的典型培训内容，它们都包括以下三个方面：常规培训、人力资本建设和岗位技能培训①。

① 雷蒙德·斯特鲁伊克. 完善智库管理［M］. 李刚等译. 南京：南京大学出版社，2016：92 - 94.

表9-1　智库员工培训内容

针对研究人员的培训	
常规培训	1. 智库的任务和基本职能，如何组织工作 2. 智库的目标和价值观、工作方式和道德标准 3. 高质量工作的重要性以及如何保证工作质量 4. 智库工作指南——如何同时处理多个任务，如何在预算内工作 5. 工作时间记录表制度 6. 年度绩效评估：目的、目标、时间 7. 员工福利概述——健康和保险、节假日和病假、培训支持等 8. 员工档案、劳工手册和其他政府表单，人力资源事务 9. 智库信息系统和相关培训的介绍 10. 通信与传播部门及其活动、活动负责人、软件工具的介绍 11. 如何成为一名咨询顾问
工具	1. 基本软件——内部计算机系统、邮件、归档要求、报表格式 2. 统计软件包（如 SPSS、SAS）、Excel、Microsoft Project 等 3. 演讲、汇报、展示，包括高水平 PPT 的制作 4. 如何进行有效的沟通交流—撰写政策简报和日志，应对采访
人力资本建设重点领域	1. 公共政策分析，包括高效撰写政策建议 2. 项目评估 3. 针对投资项目的财务分析——如公共服务、公共交通、住房

第四节　扩大国内国际交流

1. 加强智库国内交流

新型智库的独特使命决定了智库专家有影响力才能有所作为，才能提升智库机构的软实力。智库专家在国内影响力形成的关键在于政府以及大众舆论对智库研究成果的需求，打通政府决策层、媒体与智库专家之间的沟通渠道是促进智库发展的必要前提，扩大需求才能刺激供给。这不仅有利于智库为决策咨询提供专业化的研究支持，而且也可以搭建政府与市场、政府与社会之间沟通的桥梁。因此智库专家需扩大同党政机关、媒体等各部门的交流，称为政府部门、媒体机构、高校学府的座上宾。

2. 扩大国际交流

随着经济全球化进程的不断加快，智库之间的国际化交流与合作已成必然。要着力构建开放的运行机制，通过举办论坛、研讨会等各类学术交流活动，大力加强与国际知名智库的合作交流，加强与各个领域著名智库专家、学者的联系交流。要积极引导智库专家参与国际智库的对话，鼓励智库专家勇于将自己的研究成果推介到国际舞台，勇于在国际会议或论坛上发出自己的声音，培养更多国际化智库专家。同时要以项目为纽带，搭建国内外智库联合研究，构建面向全球的研究网络，凝聚一批具有国际视野的顶尖智库专家，以更加宽广的视野观察世界，增强我国智库在国际舞台上的话语权和国际影响力。

3. 加强与世界主流媒体对接

世界主流媒体以其一流的传播技术和广泛的受众群体成为提升国际影响力、扩大国际话语权的重要平台。智库专家通过在世界知名媒体上发表文章或观点，借助媒体平台实现智库成果的及时传播。国际一流智库十分重视和主流媒体的沟通，很多成立专门的公关部负责与世界主流媒体进行联络，致力于打造成为国际媒体的权威信息源。因此，智库应主动地、有计划地进行国际媒体公关，对已经建立联系的国际媒体要保持经常性的主动联络联谊，对没有建立的要做出规划，寻机建立合作关系，实现对接的常态化和规律化，提升传播的理性程度。

第五节　充分激励智库专家

智库的组织目标和独有特点，使其与政府行政部门不同，也与商业营利组织有所区别。无论按照政府事业管理或单纯商业运营二者其中的任一方式，都难以发挥好智库在战略问题及公共政策咨询研究活动中的成效。鉴于中国新型智库发展实践较短，且部分隶属或脱胎于行政系统，因此，在推进新型智库建设的过程中，可在扶持一批高端智库试点的同时，规范和引领更多的智库参与市场竞争，由市场来决定智库的生存，优胜劣汰，从而促进智库间的良性竞争和健康发展。而智库专家是智库间竞争的最核心因素，在选聘、培训了合适的智库专家后，最重要的工作就是如何充分激励好智库专家，让智库专家生产出更符合政府、大众媒体需要的智库成果，从而让智库不断地获取资金项目实现良性的发展，是智库不得不面对的重要问题。

智库无法预先决定员工工作时的精力、热情、创造能力和敬业程度，以及员工从工作中获得的自我满足感。智库的人事管理制度及其具体措施对此有巨大的影响。此外，其他影响因素还有智库领导者、高级管理人员、普通员工之间建立的人际关系，以及失业补偿金、工作环境、对优秀员工的精神鼓励以及恰当的员工评估系统。

营利性和非营利性机构中的人力资源管理专家都认为，保证基本工资对留住员工，并完成工作的基本目标是至关重要的。然而，其他类型的奖励措施能够激励员工取得更高的成就。例如，莱特（1999）提到良好的薪酬“只是消除员工的不满，而非长久发展的动力。金钱并不能够取代成就带来的满足感”。由富利波士顿金融的实施旨在降低员工流动率的案例研究证明，在加薪的前提下，非物质奖励能发挥很大的影响（纳班提恩和绍斯塔克，2004）。

现阶段，激励智库专家的方式有以下三种：

（1）给智库人才提供相对稳定的环境。针对不同级别、不同贡献、不同工龄的智库专家。解决编制问题，让年轻的智库专家有盼头，优秀智库的专家吃定心丸，保证安心从事研究工作。

（2）提高物质激励。如基本薪酬、奖金、培训、旅行、职务晋升等。把研究成果的实际效果作为智库人才重要评价依据，改变片面将论文数量、项目和经费数量、专利数量等与智库人才评价和晋升直接挂钩的做法。建立体现劳动价值、市场规律和科学研究规律的薪酬制度和智库人才的智力报偿、决策咨询费、讲课费、演讲费等辅助薪酬体系，探索智库高端人才协议工资制、课题工资制等多种分配形式。统筹各类人才奖项设置，对做出突出贡献的智库人才予以重奖。

（3）加强非物质激励。非物质奖励是激励员工的重要手段，尤其是具有高学历高科研水平的智库专家。成功的智库专家要能出色地扮演以下三种角色：研究很强的研究分析人员、管理能力超群的项目管理者、以书面或当面咨询形式宣传其研究成果的推销员。西方大多数智库专家能从高质量的政策研究中获得丰厚的奖励，他们的研究成果成功地吸引了政策制定者的关注，向政策制定者提供他们的政策建议以完善公共政策，并提高公众生活质量。因此，智库管理层必须考虑除了物质激励之外，如何通过非物质激励智库专家。表 9－2 在《完善智库管理》中提到的激励手段基础上，结合国内调研实际提出的激励因素[①]。

表 9－2　智库所使用的主要的员工激励因素

物质方面（外部）	非物质方面（内部）
基本工资	工作环境（硬件、软件上下级关系）
	工作稳定性
月奖、项目奖、年终奖等奖金	成果出版、成果署名权
额外福利	参与研究项目、培训、政策咨询会议机会
各类保险	职业发展机会（通常需要有职业阶梯）
各类补助	作息时间、休假
住房	向政府咨询报告机会
	向高层汇报机会

第六节　加强年度绩效考核

一个强大的年度绩效评估系统是记录智库专家工作成绩的基本工具，它可以用来评估智库专家年度的工作绩效，分析一年的得失，也可用来帮助智库专家制定新的工作目标。绩效评估数据能够精确评估智库专家当前工作绩效，帮助智库专家增强优势，识别工作中的不足之处，需要提升的各项素质，还可以预测智库专家未来绩效变化。智库专家绩效评估的目的是衡量智库专家的工作水平，区分不同的绩效等级，收集相关智库专家培训需求，确定智库专家激励对象以及可晋升对象。一个有效的评估过程对智库获得专家业绩而言是至关重要的，专家绩效评估结果是智库开展奖励的依据，同时也是智库制定专家职业发展规划的依据。

① 雷蒙德·斯特鲁伊克．完善智库管理［M］．李刚等译．南京：南京大学出版社，2016：43－45.

专家职业发展良好，反过来也会提高专家绩效，增加其工作满意度。工作目标设定是专家绩效评估的关键组成部门，它与提高专家工作效率密切相关。

可以通过绩效评估，了解每位员工过去一年绩效及其未来期望，在此绩效评估非常重要。然而，绩效评估与员工薪酬增长之间并不是简单的同步关系。即使在同一机构中，薪酬管理委员会的成员在评定员工薪酬时，会更加侧重于不同的因素。员工晋升一般伴随着薪酬增加，而且薪酬增长要高于优秀的绩效评估结果的加薪。对员工晋升而言，绩效评估结果和管理人员对该员工的推荐是同等重要的。员工绩效评估从以下两方面影响员工薪酬：①同事的评价（此处同事指本段第一句话中提及的同质员工）；②研究员未来预期的贡献。

第七节　运用智库行业平台评价人才

目前的智库有多种分类，参照南京大学中国智库评价中心的分类方法，智库至少可分为高校智库、党政部门智库、党校行政学院智库、社科院智库、社会智库、科研院所智库、企业智库、军队智库、传媒智库。不同类型的智库对研究人员的能力、个性特征和动机需求结构的要求都各有侧重，比如党政智库是党政部门的最直接智囊，他们的智库成果离决策层最近。而社会类智库虽远离决策层，但离大众更近，可以起到舆论宣传，政策引导的作用。可以说在对智库专家的评价上，智库行业协会和各类智库代表最有发言权，因为他们深知智库实际工作中最棘手的研究和管理难题是什么，最需要什么类型的智库人才。

在这个方面，政府作为智库机构的管理者，一是需要建立智库行业协会，并区分各类型的智库，建立各类型智库的标准。从目前国内对各类型智库专家的认定要求来看，各省的标准并不统一，但总的方针趋于一致；二是专业的事情应该交给专业人士来运作，在智库专家界定上不能行政化，应该充分尊重智库机构的意见，在智库专家的界定上真正做到谁使用谁有发言权。

在这个方面，发达国家就做了很好的表率，例如，英国的政府就灵活弹性地界定人才，原来要求人才必须拥有硕士及硕士以上文凭，现在不仅不以文凭论英雄，还扩大了覆盖面，只要是英国企业或科研机构需要的人都被视为人才。人才的判断权力主要由一些著名的跨国公司和科研机构来承担，上述单位都享有自主发放工作许可证等用于识别人才的权利。因为英国政府相信“大公司是不会雇用傻子的”。

不同智库行业对智库专家的要求不同，再加上地区发展的因素，智库行业的管理规范会有一定差异，因此在进行智库专家评价时应因地制宜，有针对性地设计和设定难度适宜的评价和考察标准。

参考文献

中文文献：

［1］曹仰锋．高层管理团队领导行为对团队绩效的影响机制：案例研究［J］．管理学报，2011（4）：504－516.

［2］陈朝宗．智库型人才的素质结构、资本投入与培养渠道［J］．重庆社会科学，2013（6）：19－113.

［3］陈学军，王重鸣．绩效模型的最新研究进展［J］．心理科学，2001（24）：737－738.

［4］陈媛媛．中国新型智库网络影响力评价体系研究［D］．南京：南京大学，2016.

［5］程文，吕传萍，张国梁．大学高级研究人员胜任力模型实证研究［J］．大连理工大学学报（社会科学版），2010（3）：55－59.

［6］房宁．我们需要什么样的智库学者［N］．光明日报，2015－12－30（12）．

［7］冯明，纪晓丽，尹明鑫．制造业管理者胜任力与行业胜任力和绩效之间关系的实证研究［J］．中国软科学，2007（10）：126－135.

［8］干斌．DEA 方法的 Excel 实现［J］．统计与决策，2006（5）：143－146.

［9］关琳，李刚，陈媛媛．美国智库“独立性”拷问［N］．光明日报，2015－06－17（16）．

［10］韩振华，任剑峰．社会调查研究中的社会称许性偏见效应［J］．华中科技大学学报（人文社会科学版），2002（3）：47－50.

［11］何鉴孜，李亚．从“裁决者”到“协调者”冲突解决视角下政策分析师的角色变迁［J］．社会科学管理与评论，2014（8）：5－11.

［12］何志工，李辉，程广林等．人力资源经理胜任素质模型［M］．北京：机械工业出版社，2005.

［13］胡瑞卿．科技人才创新能力的模糊综合评价［J］．科技管理研究，2007（6）：159－162.

［14］加里德斯勒．人力资源管理（第10版）［M］．曾湘泉译．北京：中国人民大学出版社，2007：186.

［15］杰克·奈格尔．权力的描述性分析［M］．纽黑文：耶鲁大学出版社，1975：29.

［16］金芳，孙震海等．西方学者论智库［M］．上海：上海社会科学院出版社，2010：58－59.

［17］金杨华，王重鸣．管理胜任特征与工作绩效关系研究［J］．心理科学，2004（6）：1349－1351.

［18］贾建锋，付永良，孙年华．知识型员工胜任特征模型研究的总体框架［J］．科学学与科学技术管理，2009（8）：166－171.

［19］孔媛，李宏．从知识资本增值路径分析我国智库转型发展方向［J］．智库理论与实践，2017（1）：16－22.

［20］兰德公司关于高质量研究的十个标准［EB/OL］．［2017－02－09］．http：//www. rand. org/standards. html.

［21］雷蒙德·斯特鲁伊克．完善智库管理［M］．李刚等译．南京：南京大学出版社，2016.

［22］李安方，王晓娟等．中国智库竞争力建设方略［M］．上海：上海社会科学院出版社，2010：1.

［23］李刚，王思敏．CTTI来源智库MRPA测评指标体系介绍［N］．光明日报，2016－12－21（16）．

［24］李明斐．公务员胜任力模型的构建与检验研究［D］．大连：大连理工大学，2006.

［25］李永壮．基于个体的绩效管理体系［D］．天津：天津大学，2006.

［26］梁开广，邓婷，许玉林，付亚和．评价中心法在评价中心管理潜能中的应用及其结构效度检验［J］．应用心理学，1992（4）：50－57.

［27］林立杰，高俊山，裴利芳．高校知识工作者胜任力要素与个人业绩关系的实证研究［J］．管理学报，2007（2）：230－234.

［28］林琳，张鸣．基于胜任力的医院岗位绩效评价［J］．人力资源管理，2010（5）：35－36.

［29］刘学方，唐宁玉．家族企业接班人胜任力建模——一个实证研究［J］．管理世界，2006（5）：96－106.

［30］刘益东．如何甄选一流的智库专家［M］．北京：社会科学文献出版社，2016：1.

［31］刘志光．咨询业的职业道德［J］．中国软科学，1994（11）：99－100.

［32］罗式胜．文献计量学引论［M］．北京：书目文献出版社，1986：3－4.

［33］吕青．智库评价与核心竞争力［J］．智库理论与实践，2016（6）：95－96.

［34］宁骚．公共政策学［M］．北京：高等教育出版社，2003：381－387.

［35］欧阳康．论智库与决策层的良性互动［J］．智库理论与实践，2017（1）：92－94.

［36］彭剑锋，刘军，张成露．管理者能力评价与发展［M］．北京：中国人民大学出版社，2005：55－59.

［37］彭剑锋．人力资源管理概论［M］．上海：复旦大学出版社，2009：98－99.

［38］时勘，王继承，李超平．企业高层管理者胜任特征模型评价的研究［J］．心理学报，2002（3）：193－199.

［39］孙瑞华，齐松仁，左焕琮．医师科研绩效评估指标体系及构建的探讨研究［J］．中华医学科研管理杂志，2000（13）：9－12.

［40］谭小宏，秦启文责任心的心理学研究与展望［J］．心理科学，2005（4）：991－994.

［41］佟庆伟，秋实．个体素质结构论［M］．北京：中国科学技术出版社，2001：20－23.

［42］王彩霞．博士研究生科研能力评价指标体系及评价方法研究［D］．成都：西南交通大学，2003.

［43］王春法．关于好智库的12条标准［J］．智库理论与实践，2017（1）：2－7.

［44］王宏源．创新地方社科院新智库人才队伍建设的思考［J］．社会科学管理与评论，2012（1）：58－63.

［45］王鸿生．科学研究中的想象力、洞察力和理解力［J］．科学技术哲学研究，2012（29）：86－90.

［46］王辉，李晓轩，罗胜强．任务绩效与情境绩效二因素绩效模型的验证［J］．中国管理科学，2003（4）：79－84.

［47］王辉耀，苗绿．大国智库［M］．北京：中国人民大学出版社，2014.

［48］王静，王宏鑫．关于Lotka定律的研究——纪念洛特卡定律创立80周年［J］．情报杂志，2007（4）：94－96.

［49］王莉丽．智力资本——中国智库核心竞争力［M］．北京：中国人民大学出版社，2015.

［50］王秋波．国外智库建设的启示［N］．学习时报，2016－08－29.

［51］王文．中国须有更多优秀的智库学者［J］．对外传播，2014（8）：30－31.

［52］王峥，王永梅，王访．科研项目负责人胜任特征与领导有效性的关系：变革型领导的中介作用［J］．科学学与科学技术管理，2011（5）：136－143.

［53］威廉·N. 邓恩．公共政策分析导论（第二版）［M］．谢明等译．北京：中国人民大学出版社，2002.

［54］魏颖．地方社科院科研人员胜任力结构模型研究［J］．科技管理研究，2011（19）：151－153.

［55］吴明隆．问卷统计分析实务：SPSS操作与应用［M］．重庆：重庆大学出版社，2010：158－160，195，197－208，235－245.

［56］肖鸣政．人员素质测评［M］．北京：高等教育出版社，2012：194－200，243－262.

［57］肖鸣政．人员素质测评理论与方法［M］．北京：北京大学出版社，2016：2－10.

［58］杨晓帆．人工神经网络固有的优点和缺点［J］．计算机科学，1994（21）：23－26.

［59］叶继元．核心期刊概论［M］．南京：南京大学出版社，1995：

71 –72.

［60］叶继元．人文社会科学评价体系探讨［J］．南京大学学报（哲学·人文科学·社会科学版），2010（1）：97 –110.

［61］叶继元．图书馆学期刊质量“全评价”探讨及启示［J］．中国图书馆学报，2013（7）：83 –92.

［62］叶鹰．指数和类 h 指数的机理分析与实证研究导引［J］．2007（5）：2 –5.

［63］殷雷．评价中心的基本特点与发展趋势［J］．心理科学，2007（5）：1276 –1279.

［64］余安邦，杨国枢．社会取向成就动机与个我取向成就动机概念分析与实证研究［J］．中央研究院民族学研究所集刊，1987（3）：61 –64.

［65］詹虹．基于权力的中国企业领导影响力研究［D］．厦门：厦门大学，2007.

［66］张洪燕．基于熵值法和 SEM 的高层次外贸人才评价指标体系研究［D］．镇江：江苏科技大学，2012.

［67］张进辅．现代青年心理学［M］．重庆：重庆大学出版社，2002：255 –256.

［68］张康之．美国智库建设与智库人才培养［N］．学习时报，2016 –11 –24（2）．

［69］张玲等．高校打造高素质科技管理队伍的探索［J］．科技管理研究，2007（5）：219 –220.

［70］张敏强．教育与心理统计学［M］．北京：人民教育出版社，1993：299.

［71］张文勤，石金涛．电信企业管理胜任特征与管理绩效的关系［J］．工业工程与管理，2009（1）：105 –109.

［72］张晓娟．产业导向的科技人才评价指标体系研究［J］．科技进步与对策，2013（6）：137 –141.

［73］张英华，冯振环．科技实力评价方法探微［J］．科技管理，2003（2）：24 –28.

［74］张云昊．中国学术研究向政策转化的主要模式［J］．北京行政学院学报，2010（6）：25 –31.

［75］赵仁铃．基于个人信息的研究生考生评价模型研究［D］．南京：南京大学，2016.

［76］赵兴奎，张大均．责任和责任心的涵义与结构［J］．检验医学教育，2006（12）：6－9.

［77］郑晓明，于海波，王明娇．中国企业人力资源专业人员胜任力的结构与测量［J］．中国软科学，2010（11）：168－181.

［78］中国社会科学院青年人文社会科学研究中心．美国思想库的运行机制及其启示［N］．科学时报，2003－07－28.

［79］周霞，景保峰．科技管理人员胜任力研究［J］．科技管理研究，2009（12）：470－472.

［80］周湘智．智库建设急需高端人才［N］．光明日报，2015－02－04（7）.

［81］朱广忠．地方政府执行中央政策存在问题的系统分析［J］．理论探索，2000（2）：76－82.

［82］朱敏．新型智库人才培养管理创新思考［J］．管理世界，2016（3）：178－179.

［83］朱星宇，陈勇强．SPSS多元统计分析方法及应用［M］．北京：清华大学出版社，2011：241.

［84］朱旭峰．美国思想库对社会思潮的影响［J］．现代国际关系，2002（8）：42－46.

［85］朱旭峰．网络与知识运用：政策过程中的中国思想库影响力研究［D］．北京：清华大学，2005.

［86］朱旭峰．中国智库影响力研究［D］．北京：清华大学，2005.

［87］朱旭峰．构建中国特色新型智库研究的理论框架［J］．中国行政管理，2014（5）：29－33.

［88］朱旭峰．中国社会政策变迁中的专家参与模式研究［J］．社会学研究，2011（2）：1－27.

英文文献：

［1］Abelson，Donald E. Old world，new world：The evolution and influence of foreign affairs think－tanks［J］. International Affairs，2014，90（1）：125－142.

[2] Andrew, Elliot. Approach and avoidance motivation and achievement goals [J] . Educational Psychologist, 1999, 34 (3): 15 -20.

[3] Andrew, Rich. Think tanks, public policy, and the politics of exertise [M] . Cambrdge University Press: Cambridge, 2004: 11, 68.

[4] Antonacopoulou E P, Fitzgerald L. Reframing competency in management development [J] . Human Resource Management Journal, 1996 (1): 27 -48.

[5] Armstrong M, Baron A. Performance management [J] . London: The Cromwell Press, 1998.

[6] Barbara B, Douglas B, et al. Meta - analysis of assessment center validity [J]. Journal of Applied Psychology, 1987 (72): 493 -511.

[7] Berdardin H J, Beatty R. Performance appraisal, assessing human behavior at work [M] . Boston: Kent Publish, 1984: 56.

[8] Bernard H, Richard W. Performance appraisal: Assessing human behavior at work [M] . Boston: Kent, 1984: 148 -160.

[9] Binning J F, Barren G V. Validity of personnel decisions: A conceptual analysis of the inferential and evidential bases [J] . Journal of Applied Psychology, 1989, 74 (3): 478 -494.

[10] Borman W C, Hanson M A, Hedge J W. Personnel selection [J] . Annual Review of Psychology, 1997, 48 (1): 299 -337.

[11] Borman W C, Motowidlo S J. Expanding the criterion domain to include elements of contextual performance [M] . San Francisco, CA: Jossey Bass, 1993: 71 -98.

[12] Bornmann L, Daniel H D. Does the h - index for ranking of scientists really work? [J] . Scientometrics, 2005 (3): 391 -392.

[13] Boyatzis R E. The competent manager: A model for effective performance [M] . New York: John Wiley & Sons, 1982: 28.

[14] Broman W C, Motowidlo S J. Expanding the criterion domain to include elements of contextual performance [J] . San Francisco: Jossey - Bass, 1993, 71 -98.

[15] Campbell J P, McCloy R A, Oppler SH, Sager C E. Personnel Selection in Oreanizations [M] . San Francisco: Jossev - Bass, 1993: 78.

[16] Capaldo G, Iandoli L, Zollo G. A situationalist perspective to competency management [J] . Human Resource Management, 2006 (3): 429 -448.

[17] Charan R, Drotter S, Noel J. The leadership Pipeline [M] . San Francisco: Jossey – Bass. CIPE. See Center for International Private Enterprise, 2001.

[18] Day D V, Silverman S B. Personality and job performance: Evidence of incremental validity [J] . Personnel Psvchology, 1989 (1): 25 – 36.

[19] Donald , Abelson. Do think tanks matter? Assessing the impact of public policy institutes [M] . Canada: McGill – Queen's University Press, 2009: 77 – 127.

[20] Donald, Abelson. A capital idea [M] . McGill – Queen University Press: Montreal, 2004: 84.

[21] Donald, Abelson. American think tanks and their role in U. S foreign policy [M] . MacMillan Press, 1996: 21.

[22] Frank, Fischer. Democracy and expertise: Reorienting policy inquiry [M] . Oxford: Oxford University Press, 2009: 40.

[23] Gilley J, Gilley A. The Birdman method of career planning: Career planning and adult [J] . Development Journal, 2003, 19 (2): 137 – 149.

[24] Graham M E, Tarbell L M. The importance of the employee perspective in the competency development of human resource professionals [J] . Human Resource Management, 2006 (3): 337 – 355.

[25] Harvey R D, Renz G L, Watson T W. Emotionality and job performance: Implications for personnel selection [J] . Research in Personnel and Human Resources Management, 1998 (16): 103 – 147.

[26] Heider F. The psychology of intersonal relations [M] . New Yory: Wiley. 1958.

[27] Hirsch J E . An index to quantify an individuals scientific research output [J]. Proceedings of the National Academy of Sciences of th e USA , 2005 (46): 16569 – 16572.

[28] Holland J L. Making vocational choices: A theory of careers [M] . Englewood Cliffs, NJ: Prentice – Hall, 1973 (2): 112 – 117.

[29] James G M. Think tanks and the transnationalization of foreign policy, in U. S [J] . Foreign Policy Agenda, Volume7, 13 – 18.

[30] Jian Han P C M C. The HR competencies – HR effectiveness link: A study in Taiwanese high – tech companies [J] . Human Resource Management, 2006 (3):

391 –406.

[31] John B. On being a department head: A personal view [J] . American Mathematical Society, 1996 (3): 68 –89.

[32] Kent Weaver. The changing world of think tank [J] . Political Science and Politics, 1989 (3): 563 –578.

[33] Krapp A. Interest, motivation and learning: An educational – psychological perspective. European [J]. Journal of Psychology of Education, 1999 (14): 23 –40.

[34] Lee G. Leadership and management effectiveness: A multi – frame [J] . Multi – sector Analysis, Human Resource Management (1991), 30 (4): 509 –534.

[35] Levenson A R, Vander Stede W A, Cohen S G. Measuring the relationship between managerial competencies and performance [J] . Journal of Management, 2006 (3): 360 –380.

[36] Losey M R. Mastering the competencies of HR management [J] . Human Resource Managemnet, 1999 (2): 99 –102.

[37] Luiz J V R. Think tanks in the united states and critical theory of the state [J] . Espacio Abierto, 2015, 24 (2): 275 –296.

[38] Mayes, Bronston T. Insights into the history and future of assessment centers: An interview with Dr [A] //Douglas W. Bray and Dr. William byham [J] . Journal of Social Behavior & Personality, 1997 (12): 5.

[39] McClelland D C. Testing for competence rather than for intelligence [J]. Am Psychol, 1973 (4): 1 –14.

[40] McLagan P A. Competency model [J] . Training & Development Journal, 1980, 34 (12): 22 –26.

[41] Mcnutt K, Marchildon G. Think tanks and the web: Measuring visibility and influence [J] . Canadian Public Policy, 2009, 35 (2): 219 –236.

[42] Motowidlo S J, Van S. Evidence that task performance should be distinguished from contextual performance [J] . Journal of Applied Psychology, 1994 (79): 475 –480.

[43] Murphy K R, Cleveland J. Performance appraisal: An organizational perspective [M] . Charlotte: Baker & Taylor Books, 1991: 34.

[44] Murray, Barrick, et al. Personality and Job performance: Test of the imme-

diate effects of motivation among sales representatives [J] . Journal of Applied Psychology, 1987 (1): 202.

[45] Nancy, Birdsall. Successful policy engagement [EB/OL] . TTI EX 2012. http: //www. youtube. com/watch? v = fSePtWWTEWY.

[46] National Institute Research Advancement. NIRA's world directory of think tanks [M] . New York: Athenaeum, 1995.

[47] Paul, Dickson. Think tanks [M] . New York: Athenaeum, 1971: 28.

[48] Robert D, Hubert S. Human resource selection [M] . Harcourt College Publishers, 2001: 648 - 666.

[49] Rotundo M, Sackett P R. The relative importance of task, citizenship and counterproductive performance to global ratings of job performance: A policy - capturing approach [J] . Journal of Applied Psychology, 2002: 66 - 80.

[50] Rossi P J, Gunduz, A & Judy, J. Proceedings of the third annual deep brain stimulation think tank: A review of emerging issues and technologies [J] . Frontiers in Neuroscience, 2016, 10 (2): 55 - 58.

[51] Sandberg J. Understanding human competence at work: An interpretative approach [J] . Academy of Management Journal, 2000 (1): 9 - 25.

[52] Schlenker B, Britt T. The triangular model of responsibility [J] . Psychological Review, 1994, 101 (4): 632 - 652.

[53] Shippmann J S, Ash R A, Battista M, et a1. The Practice of Competency Modeling [J] . The Practice of Competency Modeling, 2000 (53): 697 - 707

[54] Silvia B, Corinne L. Constructing collaborative communities of researchers in the environmental domain. A case study of interdisciplinary research between legal scholars and policy analysts [J] . Environmental Science & Policy, 2016 (64): 1 - 8.

[55] Spencer L M, Spencer S M. Competence at work: Models for superior performance [J] . New York: John Wiley & Sons Inc. , 1993 (17): 18 - 24.

[56] Spencer. Supervisory feedback: Alternative types and their impact on salespeople performance and satisfaction [J] . Journal of Marketing Research, 1993 (2): 190 - 201.

[57] Super D E. A life - span, life - space approach to career development [J] . Journal of Occupational Psychology, 1980 (52): 129 - 148.

[58] Thite M. Leadership styles in information technology projects [J]. International Journal of Project Management, 2000 (4): 235 -241.

[59] Wang E. The impacts of charismatic leadership style on team cohesiveness and overall performance during ERP implementation [J]. International Journal of Project Management, 2005 (3): 173 -180.

[60] Weimer. Policy analysis, prentice - hall [M]. New Jersy, 1992: 18.

[61] White R W. Motivation reconsidered: The concept of competence [J]. Psychological Review, 1959 (5): 297 -323.

[62] William Domhoff. The power elite and the state: How policy is made in american [M]. New York: Athenaeum, 1990: 11.

[63] Wright P M, Kacmar K, et al. Cogxutive ability as a moderator of the relationship between personality and job performance [J]. Journal of Management, 1995 (6): 1129 -1139.

附录 A　调查问卷

智库专家访谈问卷

您好：这是南京大学中国智库研究与评价中心的调查，共 60 道题，此过程约花费您 5 分钟时间。本调查仅用于学术研究，我们将确保您的隐私。感谢您的支持！

第一部分：

下面是对智库研究人员（定义：以战略和公共政策为研究对象，以影响权力决策和大众舆论为目标，提供决策方案和对策建议的研究人员）胜任特征的具体描述。请根据您在这些胜任特征上的符合程度，在相应选项上进行勾选。

问卷

	非常符合	比较符合	有点符合	不太符合	很不符合
1. 具备扎实的学科理论基础					
2. 较好的外语能力					
3. 熟练掌握研究工具					
4. 熟练掌握本研究领域的研究范式和方法					
5. 熟练掌握统计方法					

续表

问卷					
	非常符合	比较符合	有点符合	不太符合	很不符合
6. 具备理论联系实践的能力					
7. 了解本研究领域的政策渊源和走向					
8. 熟悉国家战略、政策发展、前沿动态和热点问题					
9. 具备开阔前瞻的国际视野，熟悉国际政策					
10. 熟练的语言文字表达能力					
11. 能够在国际交流中对话、阐述观点，开展国际合作					
12. 对政策有着深刻的洞察力，能敏锐把握公共政策需求					
13. 能预测所在专业领域政策议题走向					
14. 能从与各政治团体的交流中获取信息，发现政策动向					
15. 对所研究问题具有独到的见解					
16. 掌握与政治议题相关的知识，能将其运用到研究中					
17. 对政策能清晰解读，充分发挥解疑释惑、引导舆论的作用					
18. 研究成果（文件、报告、论文）具备较强的说服能力					
19. 能根据研究需要不断更新知识结构					
20. 对前沿和热点保持强烈的好奇心					
21. 有较强的学习能力					
22. 能根据项目计划对资源进行分配，协调关系，管理团队					
23. 具备较强的公关能力					
24. 能保持与政府、媒体、科研机构积极交流，及时了解信息					
25. 具备一定的表达及演讲能力					
26. 具备应对媒体采访的能力					
27. 能尊重他人不同意见，与委托方沟通协作					
28. 对本职工作具有较强的责任心					
29. 能确立具有挑战性的目标，积极主动投入研究工作之中					
30. 具有独立思考和判断的能力，不盲从、不偏信					
31. 能根据客观研究，对政策做出科学理性判断					
32. 善于通过媒体、会议等渠道就成果、政策、热点进行阐释					
33. 能充分挖掘并快速响应客户需求，积极建言献策					
34. 能积极捕捉社会热点，发现政策研究中的新方向和新问题					

续表

问卷					
	非常符合	比较符合	有点符合	不太符合	很不符合
35. 对政策前沿动态具有积极的研究兴趣					
36. 有较强的创新意识					
37. 面对工作困难我能保持冷静，因为我可以依靠自身能力					
38. 工作中遇到问题时，我通常会找到几个解决方案					
39. 无论工作中发生任何事，我都可以处理它					
40. 我过去的工作经验已为我的职业未来做好了充足的准备					
41. 在工作中我达到了为自己而设定的目标					
42. 我为自己工作中的大部分需求做好了准备					
43. 我能按期完成交代的任务					
44. 我的工作对单位做出了显著贡献					
45. 我的工作成果总能达到上级期望					
46. 我的工作效率很高					
47. 经常期望被安排具有挑战性的工作					
48. 经常主动挺身解决工作上的问题					
49. 经常主动帮助同事					
50. 经常主动接下额外的任务					
51. 经常替组织设想并争取团体绩效					
52 受邀参加全国性会议报告次数					
53 作为专家接受政府邀请参加咨询会议					
54 接受媒体采访					
55 省部级以上奖励					
56 成果被批示内参					
57 出版图书					
58《人民日报》《求是》《光明日报》发表文章					
59 核心期刊发表文章					
60 省部级及以上课题					

附录 B　项目分析表

附表 B－1　隐性各指标与总分的相关

项目	与问卷总分相关
Q6	0.667 **
Q7	0.804 **
Q8	0.696 **
Q9	0.651 **
Q10	0.736 **
Q11	0.626 **
Q12	0.822 **
Q13	0.688 **
Q14	0.763 **
Q15	0.779 **
Q16	0.829 **
Q17	0.819 **
Q18	0.702 **
Q19	0.695 **
Q20	0.743 **
Q21	0.778 **
Q22	0.581 **
Q23	0.589 **
Q24	0.737 **
Q25	0.704 **
Q26	0.735 **

续表

项目	与问卷总分相关
Q27	0. 722**
Q28	0. 671**
Q29	0. 718**
Q30	0. 766**
Q31	0. 784**
Q32	0. 755**
Q33	0. 724**
Q34	0. 786**
Q35	0. 698**
Q36	0. 731**

注：#表示该项目予以删除；**表示 P<0. 01，*表示 P<0. 05。

附表 B－2　隐性指标 Cronbach α 信度检验

测量条目	删除该条目后的 Cronbach α 值	Cronbach α 系数
Q6	0. 956	Cronbach =0. 961
Q7	0. 955	
Q8	0. 957	
Q9	0. 958	
Q12	0. 955	
Q13	0. 960	
Q15	0. 956	
Q16	0. 956	
Q17	0. 955	
Q18	0. 959	
Q19	0. 920	
Q20	0. 910	
Q21	0. 908	
Q22	0. 928	
Q27	0. 930	
Q36	0. 918	
Q23	0. 917	

续表

测量条目	删除该条目后的 Cronbach α 值	Cronbach α 系数
Q24	0.909	Cronbach = 0.961
Q25	0.908	
Q26	0.915	
Q32	0.909	
Q32	0.917	
Q33	0.917	
Q6	0.930	
Q28	0.932	
Q29	0.928	
Q30	0.923	
Q34	0.920	
Q35	0.920	
Q36	0.921	

附表 B－3　隐性指标的共同度

项目	共同度
Q6	0.667
Q7	0.790
Q8	0.720
Q9	0.666
Q10	0.577
Q11	0.560
Q12	0.807
Q13	0.538
Q14	0.798
Q15	0.730
Q16	0.841
Q17	0.793
Q18	0.703
Q19	0.678
Q20	0.718

续表

项目	共同度
Q21	0.754
Q22	0.652
Q23	0.838
Q24	0.684
Q25	0.885
Q26	0.754
Q27	0.692
Q28	0.635
Q29	0.673
Q30	0.768
Q31	0.783
Q32	0.772
Q33	0.581
Q34	0.770
Q35	0.801
Q36	0.711

附表 B－4　显性各指标与总分的相关

项目	与问卷总分相关
Q1	0.648 **
#Q2	0.393 **
Q3	0.709 **
Q4	0.685 **
Q5	0.537 **
Q54	0.446 **
Q55	0.524 **
Q57	0.555 **
#Q58	0.190

注：#表示该项目予以删除；** 表示 $P<0.01$，* 表示 $P<0.05$。

附表 B-5　隐性指标 Cronbach α 信度检验

因素	测量条目	删除该条目后的 Cronbach α 值	Cronbach α 系数
X_1	Q1	0.702	Cronbach = 0.727
	Q2	0.724	
	Q3	0.690	
	Q4	0.697	
	Q5	0.703	
X_2	Q54	0.726	
	Q55	0.689	
	Q57	0.690	

附表 B-6　项目的共同度

项目	共同度
Q1	0.578
Q2	0.106
Q3	0.713
Q4	0.705
Q5	0.427
Q54	0.581
Q55	0.458
Q57	0.647

附表 B-7　智库专家影响力各项目与总分相关

项目	与问卷总分相关
Q60	0.644**
Q61	0.851**
Q62	0.805**
Q63	0.766**
Q64	0.748**
Q65	0.841
Q66	0.655**
Q67	0.670**
Q69	0.772**

注：#表示该项目予以删除；**表示 $P<0.01$，*表示 $P<0.05$。

附表 B－8　Cronbach α 信度检验

因素	测量条目	删除该条目后的 Cronbach'α 值	Cronbach'α 系数
	Q60	0.760	Cronbach = 0.777
	Q61	0.739	
	Q62	0.754	
	Q63	0.759	
	Q64	0.758	
	Q65	0.747	
	Q66	0.765	
	Q67	0.755	
	Q69	0.750	

附表 B－9　成果影响力共同度

项目	共同度
Q60	0.621
Q61	0.733
Q62	0.764
Q63	0.749
Q64	0.715
Q65	0.728
Q66	0.584
Q67	0.422
Q69	0.717

附录 C

中国管理科学研究院城市发展战略研究所智库专家库评选细则[①]

一、总则

第一条　为加强中国管理科学研究院城市发展战略研究所智库专家队伍的管理和建设，根据《中国管理智库专家管理办法》有关规定，制定本细则。

第二条　本细则适用于中国管理科学研究院城市发展战略研究所的审核、认定、聘用、培训、考核等管理。

第三条　中国管理智库专家库是为了贯彻落实《国家中长期人才发展规划纲要（2010～2020 年)》和习近平总书记关于加强中国特色新型智库建设的指示精神，根据中央《关于加强中国特色新型智库建设的意见》有关要求，中国管理科学研究院城市发展战略研究所旨在通过整合我国管理咨询领域的专家资源，发挥中管院管理科学和交叉学科的科研人才优势和专家作用，从围绕“四个全面”战略布局，推动科学决策、民主决策，推进国家治理体系和治理能力现代化、增强国家的软实力出发，为党和政府提供智力服务。

第四条　中国管理科学研究院城市发展战略研究所负责综合管理中国管理智

① 智库专家库评选细则 - Powered by Empire CMS，http：//www. ccyy. net. cn/photo/mingxing/149544599 617241. html.

库专家，由中国管理智库专家库办公室负责中国管理智库专家库运行，专家信息的日常维护及服务工作委托中央汇盈（北京）投资有限公司负责。

二、申请和认定

第五条　入选中国管理智库专家库的专家，应当具备以下条件：

（一）热爱祖国，遵纪守法，具有勇于探索、不断创新的科学精神；

（二）学识渊博，有强烈的事业心，能够独立、客观、公正、实事求是地分析和研究问题；

（三）具有丰富的管理科学实践经验，具有较好的大局观、较高的战略意识和较强的协调能力，是本领域、本系统公认的学术与专业带头人；

（四）作风正派，具有良好的思想品德和职业道德；

（五）身体健康，能够积极参与课题研究、培训授课等工作；

（六）熟悉有关管理咨询的相关法律法规和业务知识；

（七）部分专业技术要求的具体条件，由中国管理科学研究院城市发展战略研究所会同有关部门另行制定。

第六条　入库条件

1. 目前在行政管理部门任职，具有副高以上职称或具有相当于副高以上职称的、有社会影响力的专家和学者；

2. 精通管理科学相关法律法规，掌握国内外管理科学发展态势，具有经济、法律、管理等知识基础，熟悉国家重大发展战略和经济社会中长期发展规划等宏观政策，对我国管理科学事业发展有全面了解，把握我国管理科学事业发展趋势，能在管理科学创造、运用方面提出建设性的观点和建议，提升管理科学在经济、文化和社会发展中的重要作用；

3. 正式出版书籍、光盘、专著、编著，或在社科管理类重点期刊发表论文三篇以上者；

4. 对管理科学领域有深入研究并取得显著成绩，具有较高的学术造诣，能够提出前瞻性的学术观点，在管理科学理论研究方面具有战略性思维和创新性构想，研究成果和理论水平在国内领先，在国际上具有一定知名度；

5. 在全国性千人规模大型论坛、讲坛具有两年以上讲师经验者；

6. 熟悉管理咨询服务行业，把握本领域技术发展方向，在本领域内具有较高知名度。

后　记

本书是历时 3 年多时间完成的系统研究，同时也是南京大学中国智库研究与评价中心的一项成果，是对我在南京大学信息管理学院博士学习、研究的阶段性检验和总结。

感谢南京森林警察学院的资助出版，感谢博士导师李刚教授的学科引领和悉心指导，感谢南大信管院 13 级陈媛媛博士、关琳博士、谢欢博士在研究过程中的无私帮助，感谢硕士同学夏春博士、顾远东博士对论文研究方法及统计分析的悉心帮助，感谢《智库理论与实践》吕青编辑、江苏省委研究室彭雷、国家行政学院的同学王文新博士、浙江传媒学院的同学王翎子博士、同门关琳博士等帮助发放问卷，以及无数花费宝贵时间帮助填写问卷的智库专家，感谢已走上公安岗位的学生徐华超、史佳慧、蒋雨凡、荆喆、曾晨慧娴、王雨生、宋时昊在研究过程中的帮助，感谢同学隗静秋博士、经济管理出版社何蒂主任的出版帮助，感谢所有为本书在撰写和出版过程中提供帮助的老师、同学、朋友和家人。

本书旨在构建一套科学合理的智库专家评价指标体系，以期为新型智库选拔、培养和考核智库专家提供新的思路，因个人水平有限，深感有很多不足之处，希望接受读者批评指正！我的邮箱是 qht1010@ 163. com。

庆海涛

2019 年 8 月